道路货物运输站场安全生产监督检查指导手册

交通运输部运输服务司　审　　定
交通运输部科学研究院　组织编写

人民交通出版社股份有限公司
北　京

内 容 提 要

本书由行业管理机构内部综合安全监管、行业管理机构对企业的安全生产监督检查要求与检查流程、安全生产监督检查指导表三部分构成,供各级交通运输管理部门对交通运输企业进行安全生产检查、上级交通运输主管部门对下级交通运输管理部门安全生产工作履职情况检查时参考。

图书在版编目(CIP)数据

道路货物运输站场安全生产监督检查指导手册/交通运输部科学研究院组织编写.—北京:人民交通出版社股份有限公司,2021.9

ISBN 978-7-114-17473-5

Ⅰ.①道… Ⅱ.①交… Ⅲ.①公路运输—货物运输—安全管理—手册—中国 Ⅳ.①U492.8-62

中国版本图书馆 CIP 数据核字(2021)第 135000 号

Daolu Huowu Yunshu Zhanchang Anquan Shengchan Jiandu Jiancha Zhidao Shouce

书 名:	道路货物运输站场安全生产监督检查指导手册
著 作 者:	交通运输部科学研究院
责任编辑:	姚 旭
责任校对:	孙国靖 卢 弦
责任印制:	刘高彤
出版发行:	人民交通出版社股份有限公司
地 址:	(100011)北京市朝阳区安定门外外馆斜街 3 号
网 址:	http://www.ccpcl.com.cn
销售电话:	(010)59757973
总 经 销:	人民交通出版社股份有限公司发行部
经 销:	各地新华书店
印 刷:	北京虎彩文化传播有限公司
开 本:	880×1230 1/32
印 张:	4.5
字 数:	102 千
版 次:	2021 年 9 月 第 1 版
印 次:	2024 年 5 月 第 3 次印刷
书 号:	ISBN 978-7-114-17473-5
定 价:	20.00 元

(有印刷、装订质量问题的图书,由本公司负责调换)

审定委员会

蔡团结	李华强	高　博	冯立光
关笑楠	余兴源	王水平	刘明进
曹文生	褚自力	赵福成	孙　静
吴晓斌	王志甫		

编写委员会

彭建华	李　强	张　强	孟文戟
姜一洲	江睿南	姜　瑶	庞一华
冯雯雯	田　建	周　京	潘凤明
耿　红	李志强	产　健	张　琼
周　刚	刘宏利	王　瞳	夏鸿文
沈小燕	马　蕾	刘意立	罗文慧

为深入贯彻落实习近平总书记关于安全生产的重要指示精神,推进行业安全生产监督检查工作系统化、规范化、标准化。以提升行业安全生产治理能力为目标,以规范行业安全检查为落脚点,交通运输部运输服务司组织交通运输部公路科学研究院、交通运输部科学研究院、长安大学编写了道路运输安全生产监督检查指导手册(以下简称《指导手册》)。

《指导手册》为道路运输安全生产监督检查人员应知应会的工具书,重点解决行业管理"不会管、不想管、不敢管、不知道怎么管"的问题,既能用于各级道路运输管理部门对交通运输企业的安全生产检查,也能用于上级交通运输管理部门对下级交通运输管理部门安全生产工作履职情况的检查。

《指导手册》有利于统一检查标准和要求,通过细化各领域的检查内容和要求,避免检查单位或个人依据经验开展检查工作可能存在的盲区和漏洞;有利于规范检查程序,通过明确检查程序和检查方法等,指导检查人员有目标、有步骤、有内容地开展检查,切实落实检查的各项工作要求;有利于突出检查重点,通过行业各业务领域的检查要点,指导检查人员更有针对性地选择检查对象和内容,突出重点,提高效率;有利于推动行业安全监管责任落实,通过明确各项检查内容的检查依据、处罚依据等,指导检查人员依法依规开展检查,落实行业监管责任;有利于企业明确行业监管重点,推动企业落实安全生产责任,提升安全管理水平。

希望《指导手册》的出版,能够促进提升道路运输安全生产监督检查工作水平,指导和推动企业进一步规范安全生产管理,落实好安全生产主体责任。

编写委员会
2021 年 8 月

目 录

第一部分　行业管理机构内部综合安全监管 ……… 1
第二部分　行业管理机构对企业的安全生产
　　　　　监督检查 …………………………… 20
　第一章　检查总体要求 ………………………… 21
　第二章　检查流程 ……………………………… 28
第三部分　道路货物运输站场安全生产监督
　　　　　检查指导表 ………………………… 31
附录　道路运输安全生产行政检查
　　　工作汇总表(式样) …………………………… 136

第一部分 行业管理机构内部综合安全监管

序号	监管职责	监管依据	检查内容	检查记录
1	设置安全管理机构及配备安全监督管理人员	《交通运输部关于推进交通运输安全体系建设的意见》(交安监发[2015]20号) 19.加强安全管理力量配备。……交通运输管理部门应完善部、省、市、县四级安全管理机构,明确相应专职安全监督管理人员。有通航水域或农村公路通客运车辆的乡镇按规定配备专(兼)职安全监督管理人员。……	通过资料审查和现场检查的方式,检查监管部门"三定方案"中对于安全管理机构设置及安全监督管理人员配备情况,是否设置与监管任务相匹配的专职安全监督管理人员	
2	制定安全生产权力和责任清单	《中共中央 国务院关于推进安全生产领域改革发展的意见》……(八)严格责任追究制度。依法依规制定各有关部门安全生产权力和责任清单,尽职照单免责,失职照单问责。……	通过资料审查的方式,检查监管部门是否制定安全生产权力和责任清单,清单是否向社会公开	

续上表

序号	监管职责	监管依据	检查内容	检查记录
3	建立健全安全生产管理制度	《交通运输部关于推进交通运输安全体系建设的意见》2.完善安全生产制度。……各级交通运输管理部门应建立重点监管名单、责任追究、"一岗双责"、隐患排查治理、奖惩激励、诚信管理、挂牌督办、监督检查、安全生产约谈、巡视等安全生产管理制度。……《交通运输部关于进一步加强交通运输安全生产体系建设的意见》（交安监发〔2022〕4号）（九）加强法规制度建设。……加强地方性安全生产法规制度评估建设。健全安全生产法规政策动态评估完善机制，及时制修订事故调查中发现存在漏洞或缺陷的法规制度	通过资料审查的方式，检查监管部门是否制定重点监管名单、责任追究、"一岗双责"、隐患排查治理、安全生产约谈、挂牌督办、监督检查、巡视等安全生产管理制度，各项制度是否得到严格执行，是否对制度实施情况开展动态评估并进行完善	

续上表

序号	监管职责	监管依据	检查内容	检查记录
4	保障安全管理工作经费	《交通运输部关于推进交通运输安全体系建设的意见》 20.保障安全生产费用和工作经费。……各级交通运输管理部门应将安全管理工作经费列入年度部门预算，主要用于安全生产工作考核评价、巡视和检查、事故原因调查、宣传教育培训等，企业标准化建设，实现每年安全生产经费预算到位，专款专用。……	通过资料审查的方式，检查监管部门是否将安全生产经费列入年度部门预算，专门用于安全生产工作；经费是否预算到位、专款专用；经费是否使用合理，用于安全生产考核评价、巡视和检查、事故原因调查、宣传教育培训等	

· 4 ·

续上表

序号	监管职责	监管依据	检查内容	检查记录
		《交通运输部关于进一步加强交通运输安全生产体系建设的意见》(二十)保障安全生产资金投入。推动地方交通运输管理部门加大安全基础设施建养、监管执法车船与信息投入力度,应急设施装备和安全科技与信息化投入力度,为公共交通运输装备及枢纽场站更新改造提供资金支持。各级交通运输管理部门将安全生产管理工作经费列入部门预算,专门用于交通运输安全生产工作,确保预算到位、专款专用		

续上表

序号	监管职责	监管依据	检查内容	检查记录
5	组织开展安全生产监督检查	《中华人民共和国安全生产法》（主席令第88号） 第六十二条 县级以上地方各级人民政府应当根据本行政区域内的安全生产状况，组织有关部门按照职责分工，对本行政区域内容易发生重大生产安全事故的生产经营单位进行严格检查。 应急管理部门应当按照分级分类监督管理的要求，制定安全生产年度监督检查计划，并按照年度监督检查计划进行监督检查，发现事故隐患，应当及时处理。	1. 通过资料审查的方式，检查监管部门是否制定安全生产年度监督检查计划，检查事项、主要事项、检查频次、履职方式和任务分工等内容，检查对象是否包括本行政区域内容易发生重大生产安全事故的道路运输生产经营单位。 2. 通过资料审查和抽查的方式，检查监管部门是否按照年度监督检查计划进行监督检查。 3. 通过资料检查的方式，检查监管部门是否下发检查通报、隐患整改通知书等，督促生产经营单位及时治理事故隐患，落实安全生产主体责任。	

续上表

序号	监管职责	监管依据	检查内容	检查记录
		《交通运输部关于进一步加强交通运输安全生产体系建设的意见》(六)严格履行安全生产监管责任。……制定安全生产检查办法,编制检查手册,落实年度监督检查计划,采取随机抽查、明查暗访等方式,强化对部门安全监管履职情况和企业主体责任落实情况检查。……		

续上表

序号	监管职责	监管依据	检查内容	检查记录
6	推进风险隐患双重预防机制建设及落实	《公路水路行业安全生产风险管理暂行办法》(交安监发〔2017〕60号)① 第三十八条 属地负有安全生产监督管理职责的交通运输部门应将管辖范围内的生产经营单位安全生产管理工作纳入安全生产管理,将重大风险监督检查比例纳入年度监督检查计划,明确抽查比例和方式,督促企业落实管控责任。《公路水路行业安全生产隐患治理暂行办法》(交安监发〔2017〕60号)①	1. 通过资料审查的方式,检查监管部门是否健全安全生产风险研判机制、决策风险评估机制、风险防控协同机制、风险管控责任机制,是否将重大风险监督抽查纳入安全生产年度监督检查计划,督查、登记等工作落实不到位的生产经营单位予以监督整改,是否针对辖区范围内的重大风险建立档案。	

① 该文件自2018年1月1日起生效,有效期3年。2021年1月14日,交通运输部安全与质量监督管理司在交通运输部智能网答系统答复提问时表示,"经我部认真研究,两个文件继续有效,目前正在按照原文件办理延长有效期相关事宜。"

续上表

序号	监管职责	监管依据	检查内容	检查记录
		第四十条 属地负有安全生产监督管理职责的交通运输管理部门应建立健全重大隐患治理督办制度，并将重大隐患整改情况纳入年度安全生产监督检查计划内容，明确督促检查责任部门，检查范围。《交通运输部关于进一步加强交通运输安全生产体系建设的意见》（十三）强化安全生产风险管控。健全安全生产风险研判机制，决策风险评估机制，风险防控协同机制，风险防控责任机制。全面辨识安全生产系统性、区域性、多发性和偶发性重大风险，加强风险动态监测预警，落实管控责任和措施。……	2.通过资料审查的方式，检查监管部门是否建立健全重大隐患治理督办制度，并将重大隐患整改情况纳入年度安全生产监督检查计划内容，是否对发现存在重大隐患的生产经营单位实行挂牌督办	

续上表

序号	监管职责	监管依据	检查内容	检查记录
7	推进安全生产信用体系建设	《交通运输部关于进一步加强交通运输安全生产体系建设的意见》（六）严格企业履行安全生产监管责任。……强化企业安全生产信用管理，建立基于信用等级的分级分类监管机制，依法实施失信惩戒和守信激励	1.通过资料审查的方式，检查监管部门是否将管辖范围内的生产经营单位和从业人员安全生产信用填报工作纳入安全生产年度监督检查计划。 2.通过资料审查的方式，检查监管部门是否建立基于信用等级的生产信用等级分类监管机制，对安全生产经营单位和从业人员，依法监管执法增加监督频次、约谈、低的生产经营单位，依法监管执法增加监督频次、约谈、公开曝光、取消经营资质资格（格）或限制性经营、依法实施市场禁入或限入从事重处罚等措施予以惩戒	

· 10 ·

续上表

序号	监管职责	监管依据	检查内容	检查记录
8	对有关安全生产的法律法规和安全生产知识的宣传	《中华人民共和国安全生产法》第十三条 各级人民政府及其有关部门应当采取多种形式,加强对有关安全生产的法律、法规和安全生产知识的宣传,增强全社会的安全生产意识。《交通运输部关于推进交通运输安全体系建设的意见》17. 提高安全监督管理人员素质。……各级交通运输管理部门,有计划、有步骤地对各类安全监督管理人员进行轮训,切实提高综合素质和业务能力。……	1. 通过资料审查的方式,检查监管部门是否安全生产集中学习贯彻习近平总书记关于安全生产重要论述,是否集中开展学习教育,是否开展经常性、系统性宣传。 2. 通过资料审查的方式,检查监管部门是否组织对重要的、新制修订的、涉及安全生产的法律、法规、政策、制度开展宣贯培训。 3. 通过资料审查的方式,检查监管部门是否组织开展安全生产月活动,宣传道路运输行业安全生产相关法律、法规、政策、制度,开展案例警示教育。	

续上表

序号	监管职责	监管依据	检查内容	检查记录
		《交通运输部关于进一步加强交通运输安全生产体系建设的意见》(二十一)强化安全生产宣传教育。加强安全生产公益宣传,案例示教育,强化相关法律法规、安全应急知识普及……	4.通过资料审查的方式,检查监管部门是否对安全监督管理人员进行安全管理知识轮训。 5.通过资料审查的方式,检查监管部门是否开展或者协助主管部门开展道路运输单位主要负责人、安全生产管理人员的安全生产知识和管理能力考核	

续上表

序号	监管职责	监管依据	检查内容	检查记录
9	建立安全生产举报制度	《中华人民共和国安全生产法》第七十三条 负有安全生产监督管理职责的部门应当建立举报制度,公开举报电话、信箱或者电子邮件地址等网络举报平台;受理的举报事项经调查核实后,应当形成书面材料;需要落实整改措施的,报经有关负责人签字并督促落实。对不属于本部门职责,需要由其他有关部门进行调查处理的,转交其他有关部门处理。涉及人员死亡的举报应当由县级以上人民政府组织核查处理	1.通过资料审查的方式,检查监管部门是否建立举报制度,公开举报电话、信箱或者电子邮件地址等网络举报平台。 2.通过资料审查和抽查的方式,检查监管部门是否按照程序规定对举报的事项进行核实和处理;对属于本部门职责,举报属实的,是否督促处理到位,是否落实有关负责的,是否及时转交有关部门处理	

续上表

序号	监管职责	监管依据	检查内容	检查记录
10	建立安全生产工作述职机制	《交通运输部关于推进交通运输安全体系建设的意见》 7. 落实安全生产"一岗双责"。……建立安全生产工作述职机制,各单位和各部门负责人应将安全生产工作履职情况作为年度述职的重要内容。……	通过资料审查的方式,检查监管部门负责人是否在年度述职中将安全生产工作履职情况作为一项内容。	

· 14 ·

续上表

序号	监管职责	监管依据	检查内容	检查记录
11	落实安全生产监督管理层级责任	《交通运输部关于推进交通运输安全体系建设的意见》6. 明晰安全生产监督管理责任。……交通运输主管部门和管理机构链条完善，监督管理层级责任有效落实。《交通运输部关于进一步加强交通运输安全生产体系建设的意见》(六) 严格履行安全生产监管责任。……重点监管和公开曝光发生重特大安全生产事故(险情)、事故频发、重大风险管控重大隐患整改不力、信用等级低等的企业。……	1. 通过资料审查的方式，检查监管部门是否落实交通运输安全生产的法律、法规、规章、政策，以及国家、上级管理部门有关安全生产工作部署。 2. 通过资料审查的方式，检查监管部门是否成立安全生产委员会，安全生产委员会主任是否由主要领导担任，每季度是否至少召开一次安全生产委员会议。 3. 通过资料审查方式，检查监管部门是否对下级管理部门开展监督检查、业务指导，目标考核等。 4. 通过抽查企业情况，检查监管部门安全生产监管责任的落实情况，检查监管部门安全生产主体责任是否有效落实监管管理责任	

续上表

序号	监管职责	监管依据	检查内容	检查记录
12	制定生产安全事故应急救援预案,组织预案演练	《生产安全事故应急条例》(国务院令第708号) 第五条 县级以上人民政府及其负有安全生产监督管理职责的部门和乡、镇人民政府以及街道办事处等地方人民政府派出机关,应当针对可能发生的生产安全事故的特点和危害,进行风险辨识和评估,制定相应的生产安全事故应急救援预案,并依法向社会公布。 第八条 县级以上地方人民政府以及县级以上地方人民政府负有安全生产监督管理职责的部门,乡、镇人民政府以及街道办事处等地方人民政府派出机关,应当至少每2年组织1次生产安全事故应急救援预案演练。	1.通过资料审查的方式,检查监管部门是否制定道路运输生产安全事故应急救援预案,预案是否具有针对性,考虑了可能发生的各类生产安全事故;预案编制过程中,是否进行了风险辨识和评估;预案是否定期评估和更新;预案是否依法向社会公布。 2.通过资料审查的方式,检查监管部门是否定期组织应急救援预案演练,至少每2年组织1次生产安全事故应急救援预案演练。 3.通过资料审查对应急预案演进行总结和评估,是否根据演练情况完善应急预案	

续上表

序号	监管职责	监管依据	检查内容	检查记录
13	安全生产事故报告和统计分析	《中华人民共和国安全生产法》第八十四条 负有安全生产监督管理职责的部门接到国家有关规定上报事故管理职责按照国家有关规定上报事故情况。负有安全生产监督管理职责的部门和有关地方人民政府对事故情况不得隐瞒不报、谎报或者迟报。《交通运输部关于推进交通运输安全体系建设的意见》9.加强安全生产形势研判。……建立完善安全生产事故统计分析机制,编制分析报告。……《交通运输部关于进一步加强交通安全生产体系建设的意见》(十二)加强安全发展政策及热点问题研究,强化形势研判,发布分析报告。……	1.通过资料审查和抽查的方式,检查监管部门是否建立事故统计报告制度,是否及时报送事故快报,发生事故是否按月报送事故月报。 2.通过资料审查的方式,检查监管部门是否定期开展事故统计分析,编制季度、半年度、年度及重点时段的事故统计分析报告	

续上表

序号	监管职责	监管依据	检查内容	检查记录
14	典型事故和重大风险事件教训吸取	《交通运输部关于推进交通运输安全体系建设的意见》 8.严格安全生产同责追责。……相关交通运输管理部门应对事故发生单位的整改措施落实情况加强监督检查。…… 《交通运输部关于进一步加强交通运输安全生产体系建设的意见》（十五）建立事故调查和整改落实、……建立事故暴露问题整改落实办制度，组织开展"回头看"活动，强化教训吸取。	1.通过资料审查和抽查企业的方式，检查监管部门是否对事故发生单位的整改措施落实情况进行监督检查，督办督导。 2.通过资料审查的方式，检查监管部门是否积极落实事故整改措施，完善相关制度标准；是否组织开展事故回头看活动	

续上表

序号	监管职责	监管依据	检查内容	检查记录
		《中共中央 国务院关于推进安全生产领域改革发展的意见》（十九）……完善事故调查处理机制。建立事故暴露问题整改督办制度，事故结案后一年内，负责事故调查的地方政府和国务院有关部门要组织开展评估，及时向社会公开，对履职不力、整改措施不落实的，依法依规严肃追究有关单位和人员责任。……		

第二部分 行业管理机构对企业的安全生产监督检查

第一章　检查总体要求

一、检查名录库

交通运输主管部门及交通运输综合执法机构(以下统称监管部门)应当按照职责分工和权限范围承担相应的道路运输安全生产监督管理工作。

市级监管部门应当按照职责分工,建立健全与抽查事项相对应的检查对象名录库和执法检查人员名录库(统称"两库")并进行动态管理。可以根据需要吸收检测机构、科研院所、行业协会和专家学者等参与,建立技术专家名录库,为检查工作提供技术支持。

1. 检查对象名录库

监管部门应当通过运政系统等途径,采集并编制辖区内检查对象名录库,按照经营规模和类别进行分类标注,明确重点监管对象名录库,并实现动态更新管理。

2. 检查人员名录库

监管部门应当建立检查人员名录库,按照业务专长进行分类标注并实现动态更新管理。进入名录库的检查人员应持有执法门类为道路运政的交通运输行政执法证,并按规定参加在岗培训。

3. 技术专家名录库

监管部门聘请第三方专业机构或者技术专家为安全生产监督检查工作提供技术支持的,应建立技术专家名录库,按照专家业务专长进行分类标注,并根据履职情况进行动态更新。

进入技术专家名录库的人员原则上应满足下列条件:

(1)熟悉道路运输安全生产法律、法规、规章、标准和规范等;

(2)具有大专及以上学历;

(3)具有道路运输相关专业高级技术职称或者从事道路运输安全管理相关工作10年以上;

(4)能够深入现场开展相关业务,具有较强的发现、分析和解决事故隐患的能力;

(5)无违法、重大违纪行为和不良信用记录;

(6)符合其他地方管理的要求。

二、检查分类

检查主要分为综合检查和专项检查。综合检查内容参见第三部分。专项检查内容可以从第三部分所列检查项目中挑选具体项目确定,也可以根据实际工作需求确定。

1. 综合检查

综合检查是指监管部门依据法定职权,按照既定的检查计划对检查对象遵守安全生产法律、法规、规章,执行安全生产行政命令等情况进行全面了解、调查和监督的行为。

2. 专项检查

专项检查是指监管部门依据法定职权,在检查计划之外,针对发生一般及以上安全生产事故的,有被上级部门督查或者转办交办、投诉举报、媒体曝光、其他部门抄告重大事故隐患或安全生产违法违规行为的,或者针对重点节假日、重大活动,对检查对象遵守安全生产法律、法规、规章,执行安全生产行政命令等情况进行专项了解、调查和监督的行为。

三、检查计划

监管部门应认真贯彻落实"安全第一、预防为主、综合治理"的方针,根据《中华人民共和国安全生产法》等有关法律法规和规章要求,结合管辖区域内安全生产工作实际,制定年度安全生产监督检查计划,并根据工作需求适时调整完善。

(一)基本要求

1. 检查计划制定要求

监管部门应当贯彻落实道路运输相关的国家、行业和地方法律、法规、规章、标准和规范性文件,结合辖区内企业安全生产基本情况、季节性因素、年度工作重点、安全生产监管职责权限、行政执法队伍组成、技术装备和经费保障等实际情况,制定年度安全生产监督检查计划,并按照规定进行公示。

监管部门可以根据上级监督管理部门要求或者重特大事故教训开展检查计划之外的监督检查。

2. 检查计划内容

年度安全生产监督检查计划应包括:检查人员、检查时间、检查对象、检查内容、检查要求等内容;专项检查按照"双随机(即随机抽取检查对象、随机选派执法检查人员)"抽查事项清单开展(含每个抽查事项的名称、抽查主体、抽查依据、抽查内容、抽查方式等内容)。

(二)分类分级管理

1. 基本要求

监管部门每年应当结合辖区内道路运输企业的经营规模、经营范围和主要经营类别,以及上一年度安全生产监督检查结果、事故发生情况以及其他相关部门抄告信息等,对辖区内道路运输企业进行分类分级管理。其中,对涉及重大事故隐患、发生一般及以上负有同等责任及以上安全生产亡人事故、违法违规及违章次数多联网联控等信息化系统违法违规报警次数多,以及信用等级为最低等级(或质量信誉考核等级为最低等级)的企业或者单位,应纳入重点监管企业名单,加大检查频次和要求。其他类型企业纳入常规监管企业名单。重点监管企业名单应当按照要求进行公示。

监管部门应当充分利用联网联控等信息化手段,加强对检查对象的动态监控,提高利用信息化手段开展企业分类分级监管效力。

2. 检查频次

(1)县级属地监管部门应当根据分类分级结果和其他安全生产监督管理安排确定综合检查次数,对常规监管企业,每3年综合检查不少于1次;对重点监管企业,每年综合检查不少于1次。综合检查内容可分次完成。

(2)市州级监管部门对辖区内的重点监管企业,每年专项检查不少于1次。专项检查覆盖率和频次可结合实际工作需要确定。

(3)监管部门可会同其他承担安全生产监督管理职责的部门实行联合安全生产监督检查,联合安全生产监督检查可纳入被检查对象的检查频次统计。

(4)上级监管部门应当按照监管职责分工,定期对属地监管部门的安全生产监督检查活动进行督导,督导次数每年应不少于1次。其中,市级监管部门每年对区县级监管部门的督导应全覆盖,省级监管部门对市级监管部门的督导覆盖率不应小于50%。督导工作可以结合属地监管部门的安全生产监督检查结果开展,并视情对辖区内重点监管企业和常规监管企业分别安排不同频次和覆盖率的抽查,加大对重点监管企业的抽查比例。

四、检查工作要求

(一)检查方式

检查采用实地核查、书面检查和数据网络监测等方式,综合运用抽查、暗查、综合检查、专项检查、联合检查、设施设备监控等途径开展。

根据安全生产监督检查的方式、内容等,分别采用资料审查、查看与查证、座谈与询问等方法开展,内容如下。

(1)资料审查:通过查阅安全生产相关制度、实施记录、档案等资料,核查企业安全生产管理体系的完备性、有效性和落实程度。

(2)查看与查证:按照抽样方法,随机抽取车辆、装备、设施等,通过实地或者网络监测等方式,核查企业在车辆、装备、设施和安全生产管理方面的合规性和有效性。

(3)座谈与询问:通过现场交流和询问等方式,考查企业主要负责人、安全生产管理人员、关键岗位从业人员等相关人员对安全生产相关法规以及知识要求、安全操作技能以及突发事件应急处置的掌握程度。

各级监管部门可以单独实施安全生产监督检查,也可会同其他负有安全生产监督管理职责的部门实行联合检查,或者聘请专家参与检查,专家宜从技术专家名录库中抽选,或者在其法定权限内通过政府购买服务等方式委托具有能力的第三方服务机构实施检查,为履行安全生产监督管理工作提供专业技术支持,但不改变监管部门的监督管理责任。

(二)抽样方法

抽样方法按照"双随机(即随机抽取检查对象、随机选派执法检查人员)"抽查机制要求进行。对从业人员、装备设施、记录、档案等内容的具体抽样数量可以按照《计数抽样检验程序 第1部分:按接收质量限(AQL)检索的逐批检验抽样计划》(GB/T 2828.1—2012)的一次抽样方案一般检验水平Ⅰ进行简单随机抽样,总体数量与最低抽取样本数量见下表。

总体数量	样本数量	总体数量	样本数量
2~15	2	281~500	20
16~25	3	501~1200	32
26~90	5	1201~3200	50
91~150	8	3201~10000	80
151~280	13	10001~35000	125

凡涉及抽样检查的内容,安全生产监督检查人员对检查结果有疑问,或者认为检查事项风险较大时,可以扩大抽样比例,按照《计数抽样检验程序 第1部分:按接收质量限(AQL)检索的逐批检验抽样计划》(GB/T 2828.1—2012)的一次抽样方案一般检验水平Ⅱ进行简单随机抽样,总体数量与最低抽取样本数量见下表。

总体数量	样本数量	总体数量	样本数量
2~8	2	151~280	32
9~15	3	281~500	50
16~25	5	501~1200	80
26~50	8	1201~3200	125
51~90	13	3201~10000	200
91~150	20	10001~35000	315

(三)检查纪律

(1)安全生产监督检查人员、技术专家和第三方服务机构与被检查对象有利害关系的,应当回避。监督检查过程应当忠于职守,坚持原则,秉公执法,认真履行安全生产监督检查职责,正确行使安全生产监督检查权限。

(2)安全生产监督检查人员应当保守被检查对象的技术秘密和商业秘密,遵守被检查对象的有关规章制度,不得影响被检查对象的正常生产经营活动。

(四)检查记录

各级监管部门的检查工作记录内容应精细准确、简明扼要、结论明确。应当建立安全生产监督检查档案,并归档保存,保存期不少于3年。安全生产监督检查档案包括但不限于:

(1)安全生产年度监督检查计划;

(2)安全生产监督检查工作汇总表、记录表;

(3)安全生产监督检查相关证据(包括图片、视频、书证等);

(4)安全生产监督检查报告;

(5)事故隐患整改相关材料或行政处罚决定相关材料;

(6)受理举报情况记录(包括举报内容、调查核实情况、整改落实情况等)。

按照"谁检查、谁录入、谁公开"的原则,将抽查检查结果通过运政系统、相关监管系统以及国家企业信用信息公示系统和全国信用信息共享平台等进行公示,接受社会监督。

第二章 检查流程

一、检查准备

（1）监管部门应当依据安全生产年度监督检查计划，制定检查工作方案，工作方案应包括检查对象、人员、时间、内容等。

（2）监管部门应当根据安全生产监督检查工作方案，成立检查组，并从检查人员名录库中抽调不少于2名检查人员，持有合法有效的检查执法证件。可以根据实际需要，聘请技术专家（宜从技术专家库中抽取）或者具有能力的第三方服务机构参与检查。

（3）检查组应当实行组长负责制，由1名检查人员担任组长，明确检查组职责分工，参照第三部分《道路货物运输站场企业安全生产监督检查指导表》编制检查记录表。

（4）检查组应当提前熟悉被检查对象的相关信息。开展监督检查时，应当携带必要的文书和录音、录像或照相等取证设备。综合检查应提前3天告知被检查对象，专项检查可以根据实际需求，综合采用"四不两直""双随机一公开"等形式开展。

二、现场检查

（1）检查开始前，检查组组长应主动出示合法有效的交通运输行政执法证，介绍检查组人员构成，说明检查事由，向被检查对象通报检查内容。

（2）检查过程中应当有企业代表人员在场。

（3）检查人员按照安全生产监督检查计划实施检查，填写安全生产监督检查记录表和检查工作汇总表，如实记录检查的时间、地点、内容、发现的问题及其处理意见等，保存提取的证据。

（4）进行检查时，检查人员不得影响被检查对象的正常生产经营活动，对涉及被检查对象的技术秘密和商业秘密，应当履行保密职责。

（5）检查结束后，应当向被检查对象通报检查情况，并就检查过程中发现的问题和检查意见由检查人员和被检查对象的负责人签字确认。负责人拒绝签字的，检查人员应当将情况记录在案，并向实施监督检查的监管部门报告。

（6）对检查中发现的安全生产隐患，应当及时告知被检查对象，并督促被检查对象立即整改，对整改难度较大、需一定时间方能整改消除的安全生产隐患，应当下发安全生产隐患整改通知书限期整改。

（7）通过文字、影像（照相机、录音机、摄像机、执法记录仪、视频监控等记录设备）等记录形式，对监督检查过程进行记录，并归档保存。

（8）安全生产监督检查工作汇总表应一式 3 份，由监管部门和被检查对象存留，监管部门存留 2 份，被检查对象存留 1 份。

三、检查结果处理

（一）安全生产隐患处理

（1）实施监督检查的部门和负有安全生产监督管理职责的部门应当督促被检查对象在规定期限内完成安全生产隐患整改。

(2)实施监督检查的部门和负有安全生产监督管理职责的部门应当对被检查对象的整改措施、责任、预案的落实情况进行跟踪,督促被检查对象上报安全生产隐患整改情况报告,对已达到整改要求的隐患予以确认,对符合验收结论及验收程序的重大事故隐患予以销号。对未采取措施消除安全生产隐患的,责令立即消除或者限期消除;对拒不执行的被检查对象,依法作出行政处罚。

(二)违法违规行为处理

对检查中发现的安全生产违法行为应当按照现有的法律法规和《交通运输行政执法程序》规定的程序依法作出行政处罚,涉嫌治安管理和刑事犯罪的,应当及时移交治安管理和司法机关,对没有行政处罚权的事项应当及时移交有行政处罚权的相关部门。

第三部分　道路货物运输站场安全生产监督检查指导表

一、企业资质及基础管理检查事项

序号	检查事项	检查内容	检查依据
1	资质条件	1. 道路货物运输站场经营者工商营业执照、备案情况。 2. 道路货物运输站场内入驻运输企业工商营业执照、经营许可证。	1.【行政法规】《中华人民共和国道路运输条例》 第二十四条 申请从事货运经营的,应当依法向市场监督管理部门办理有关登记手续后,按照下列规定提出申请并分别提交符合本条例第二十一条、第二十三条规定条件的相关材料: (一)从事危险货物运输经营以外的货运经营的,向县级人民政府交通运输主管部门提出申请; (二)从事危险货物运输经营的,向设区的市级人民政府交通运输主管部门提出申请。 依照前款规定收到申请的交通运输主管部门,应当自受理申请之日起 20 日内审查完毕,作出许可或者不予许可的决定。予以许可的,向申请人颁发道路运输经营许可证,并向申请人投入运输的车辆配发车辆营运证;不予许可的,应当书面通知申请人并说明理由。 使用总质量 4500 千克及以下普通货运车辆从事普通货运经营的,无须按照本条规定申请取得道路运输经营许可证及车辆营运证。

检查方法	检查标准	处罚依据及标准	检查记录
实地检查道路货物运输站场经营者工商营业执照、备案情况,入驻运输企业工商营业执照、《道路运输经营许可证》	1. 道路货物运输站场经营者具有合法有效的工商营业执照。 2. 道路货物运输站场经营者向所在地县级交通运输主管部门备案。 3. 道路货物运输站场内入驻运输企业依规定具有合法有效的工商营业执照、《道路运输经营许可证》。	1.【行政法规】《中华人民共和国道路运输条例》 第六十三条 违反本条例的规定,有下列情形之一的,由县级以上地方人民政府交通运输主管部门责令停止经营,并处罚款;构成犯罪的,依法追究刑事责任: (一)未取得道路运输经营许可,擅自从事道路普通货物运输经营,违法所得超过1万元的,没收违法所得,处违法所得1倍以上5倍以下的罚款;没有违法所得或者违法所得不足1万元的,处3000元以上1万元以下的罚款,情节严重的,处1万元以上5万元以下的罚款;……	

序号	检查事项	检查内容	检 查 依 据
		3.道路货物运输站场及入驻运输企业经营范围	第三十九条 从事道路货物运输站(场)经营、机动车维修经营和机动车驾驶员培训业务的,应当在依法向市场监督管理部门办理有关登记手续后,向所在地县级人民政府交通运输主管部门进行备案,并分别附送符合本条例第三十六条、第三十七条、第三十八条规定条件的相关材料。 2.【法律】《中华人民共和国公司法》 第三十三条 依法设立的公司,由公司登记机关发给公司营业执照。公司营业执照签发日期为公司成立日期。 公司营业执照应当载明公司的名称、住所、注册资本、经营范围、法定代表人姓名等事项。 公司登记机关可以发给电子营业执照。电子营业执照与纸质营业执照具有同等法律效力。 第三十四条 公司登记事项发生变更的,应当依法办理变更登记。 第三十六条 公司营业执照记载的事项发生变更的,公司办理变更登记后,由公司登记机关换发营业执照 3.【部门规章】《道路货物运输及站场管理规定》 第三十六条 货运站经营者应当按照国家有关标准运营,不得随意改变货运站用途和服务功能。

续上表

检查方法	检查标准	处罚依据及标准	检查记录
	4.道路货物运输站场及入驻运输企业实际经营范围与许可经营范围相符合,不存在未经许可经营、超许可范围经营和非经营性从事经营性等情形	第六十五条 从事道路货物运输站(场)经营、机动车驾驶员培训业务,未按规定进行备案的,由县级以上地方人民政府交通运输主管部门责令改正;拒不改正的,处5000元以上2万元以下的罚款。备案时提供虚假材料情节严重的,其直接负责的主管人员和其他直接责任人员5年内不得从事原备案的业务。 2.【部门规章】《道路货物运输及站场管理规定》 第六十一条 违反本规定,有下列行为之一的,由交通运输主管部门责令停止经营;违法所得超过1万元的,没收违法所得,处违法所得1倍以上5倍以下的罚款;没有违法所	

序号	检查事项	检查内容	检查依据

续上表

检查方法	检查标准	处罚依据及标准	检查记录
		得或者违法所得不足1万元的,处3000元以上1万元以下的罚款,情节严重的,处1万元以上5万元以下的罚款;构成犯罪的,依法追究刑事责任: (一)未按规定取得道路货物运输经营许可,擅自从事道路普通货物运输经营的; (二)使用失效、伪造、变造、被注销等无效的道路运输经营许可证件从事道路普通货物运输经营的; (三)超越许可的事项,从事道路普通货物运输经营的。 第六十七条 违反本规定,货运站经营者擅自改变货运站的用途和服务功能,由交通运输主管部门责令改正;拒不改正的,处3000元的罚款;有违法所得的,没收违法所得	

序号	检查事项	检查内容	检 查 依 据
2	安全生产责任制	1. 全员安全生产责任制建立情况。 2. 全员安全生产责任制考核情况	【法律】《中华人民共和国安全生产法》 第二十一条 生产经营单位的主要负责人对本单位安全生产工作负有下列职责： （一）建立、健全并落实本单位安全生产责任制，加强安全生产标准化建设。 第二十二条 生产经营单位的全员安全生产责任制应当明确各岗位的责任人员、责任范围和考核标准等内容。 生产经营单位应当建立相应的机制，加强对全员安全生产责任制落实情况的监督考核，保证全员安全生产责任制的落实

续上表

检查方法	检查标准	处罚依据及标准	检查记录
1.通过资料审查的方式,检查企业是否制定了完善的安全生产责任制制度文件。 2.通过资料审查的方式,检查企业是否层层签订安全生产目标责任书。 3.现场抽取部分关键岗位人员,考查其对自身安全生产责任、目标的掌握情况	1.企业制定全员安全生产责任制,并明确各岗位人员安全生产责任、目标及考核标准。 2.层层签订安全生产目标责任书,并按要求公示;签订人员至少应当包括:主要负责人、分管安全的负责人、专职安全生产管理人员以及其他岗位的责任人员。	【法律】《中华人民共和国安全生产法》 第九十四条 生产经营单位的主要负责人未履行本法规定的安全生产管理职责的,责令限期改正,处二万元以上五万元以下罚款;逾期未改正的,处五万元以上十万元以下的罚款,责令生产经营单位停产停业整顿	

序号	检查事项	检查内容	检查依据

续上表

检查方法	检查标准	处罚依据及标准	检查记录
	3. 主要负责人、专职安全生产管理人员安全生产责任制内容符合《中华人民共和国安全生产法》和地方性相关法规的要求。 4. 主要负责人、专职安全生产管理人员等关键岗位人员对其法定职责熟悉。 5. 定期对全员安全生产责任制落实情况进行考核,有考核奖惩记录,并按照要求公示		

序号	检查事项	检查内容	检查依据
3	安全生产管理制度	1. 安全生产管理制度制定情况。 2. 安全生产管理制度执行情况	1.【法律】《中华人民共和国安全生产法》 第十八条 生产经营单位的主要负责人对本单位安全生产工作负有下列职责： （二）组织制定并实施本单位安全生产规章制度和操作规程。 2.【行政法规】《中华人民共和国道路运输条例》 第二十一条 申请从事货运经营的，应当具备下列条件： （一）有与其经营业务相适应并经检测合格的车辆； （二）有符合本条例第二十二条规定条件的驾驶人员； （三）有健全的安全生产管理制度

续上表

检查方法	检查标准	处罚依据及标准	检查记录
1.通过资料审查的方式,检查企业安全生产管理制度是否制定齐全。 2.通过资料审查的方式,检查企业是否对从业人员和相关人员进行安全生产管理制度的培训。 3.现场抽查部分关键岗位从业人员,考查其是否掌握相关安全生产管理制度。	1.企业建立健全安全生产管理制度,制度内容应符合现行法律法规规章的相关要求。至少包括:安全生产检查制度(涵盖隐患排查制度或单独制定);安全生产教育培训制度;从业人员、专用车辆、设备及停车场地安全管理制度;应急救援预案制度(需包含应急值班制度、应急装备和应急物资储备、维	【法律】《中华人民共和国安全生产法》 第九十四条 生产经营单位的主要负责人未履行本法规定的安全生产管理职责的,责令限期改正,处二万元以上五万元以下罚款;逾期未改正的,处五万元以上十万元以下的罚款,责令生产经营单位停产停业整顿	

· 43 ·

序号	检查事项	检查内容	检 查 依 据

续上表

检查方法	检查标准	处罚依据及标准	检查记录
4.重点对照安全生产培训和教育档案、隐患排查治理档案、车辆管理档案等,检查企业是否有效执行各项安全生产管理制度	护、管理和调拨制度);安全生产考核与奖惩制度;安全事故报告、统计与处理制度;安全生产费用提取和使用制度;安全生产会议制度。 2.定期对安全生产管理制度进行更新修订,及时更新引用的法律法规和标准。 3.抽查主要负责人、专职安全生产管理人员和从业人员,通过询问和交谈,检查制度落实情况		

· 45 ·

序号	检查事项	检查内容	检查依据
4	安全生产管理协议	道路货物运输站场经营者与入驻运输企业签订安全生产管理协议情况	【法律】《中华人民共和国安全生产法》 第四十九条 生产经营项目、场所发包或者出租给其他单位的,生产经营单位应当与承包单位、承租单位签订专门的安全生产管理协议,或者在承包合同、租赁合同中约定各自的安全生产管理职责;生产经营单位对承包单位、承租单位的安全生产工作统一协调、管理,定期进行安全检查,发现安全问题的,应当及时督促整改

续上表

检查方法	检查标准	处罚依据及标准	检查记录
通过资料审查的方式,实地查阅安全生产管理协议文本	1.道路货物运输站场经营者与入驻运输企业签订安全生产管理协议。 2.道路货物运输站场经营者对入驻运输企业安全生产工作统一协调、管理,定期进行安全检查,发现安全问题的,应当及时督促整改	【法律】《中华人民共和国安全生产法》 第一百零三条 生产经营单位未与承包单位、承租单位签订专门的安全生产管理协议或者未在承包合同、租赁合同中明确各自的安全生产管理职责,或者未对承包单位、承租单位的安全生产统一协调、管理的,责令限期改正,处五万元以下的罚款,对其直接负责的主管人员和其他直接责任人员处一万元以下的罚款;逾期未改正的,责令停产停业整顿	

序号	检查事项	检查内容	检查依据
5	安全生产操作规程	1. 安全生产操作规程制定情况。 2. 安全生产操作规程执行情况	1.【法律】《中华人民共和国安全生产法》 第二十一条　生产经营单位的主要负责人对本单位安全生产工作负有下列职责： （二）组织制定并实施本单位安全生产规章制度和操作规程。 第五十七条　从业人员在作业过程中，应当严格落实岗位安全责任，遵守本单位的安全生产规章制度和操作规程，服从管理，正确佩戴和使用劳动防护用品。 2.【部门规章】《道路货物运输及站场管理规定》 第四十条　货运站经营者应当按照规定的业务操作规程进行货物的搬运装卸。搬运装卸作业应当轻装、轻卸，堆放整齐，防止混杂、撒漏、破损，严禁有毒、易污染物品与食品混装

续上表

检查方法	检查标准	处罚依据及标准	检查记录
1. 通过资料审查的方式，检查企业是否制定必要的安全生产操作规程。 2. 通过资料审查的方式，检查企业是否对从业人员及相关人员进行安全生产操作规程培训。 3. 现场抽查部分关键岗位从业人员，考查其对安全生产操作规程的掌握情况，以及是否按照操作规程执行	1. 企业建立健全安全生产操作规程，规范管理搬运装卸作业。 2. 若企业涉及有限空间作业、高处作业等特殊作业活动，还需要制定特殊作业操作规程，落实作业票证措施。 3. 企业对从业人员进行安全操作规程培训。 4. 现场抽查从业人员，询问其对安全操作规程的熟悉程度。 5. 现场检查货物搬运装卸、堆放情况	1.【法律】《中华人民共和国安全生产法》 第九十四条 生产经营单位的主要负责人未履行本法规定的安全生产管理职责的，责令限期改正，处二万元以上五万元以下罚款；逾期未改正的，处五万元以上十万元以下的罚款，责令生产经营单位停产停业整顿。 第一百零七条 生产经营单位的从业人员不落实岗位安全责任，不服从管理，违反安全生产规章制度或者操作规程的，由生产经营单位给予批评教育，依照有关规章制度给予处分；构成犯罪的，依照刑法有关规定追究刑事责任。	

序号	检查事项	检查内容	检查依据

续上表

检查方法	检查标准	处罚依据及标准	检查记录
		2.【部门规章】《道路货物运输及站场管理规定》 第六十四条 违反本规定,道路货物运输经营者有下列情形之一的,由交通运输主管部门责令改正,处1000元以上3000元以下的罚款;情节严重的,由原许可机关吊销道路运输经营许可证或者吊销其相应的经营范围: (二)没有采取必要措施防止货物脱落、扬撒的	

序号	检查事项	检查内容	检查依据
6	安全生产管理机构或者专职安全生产管理人员	安全生产管理机构或专职安全生产管理人员配备情况	【法律】《中华人民共和国安全生产法》 第二十四条　矿山、金属冶炼、建筑施工、运输单位和危险物品的生产、经营、储存、装卸单位,应当设置安全生产管理机构或者配备专职安全生产管理人员

续上表

检查方法	检查标准	处罚依据及标准	检查记录
1.通过资料审查的方式,检查企业是否设置安全生产管理机构或者配备专职安全生产管理人员,有相关证明文件,如任命书等。 2.通过资料审查的方式,检查专职安全生产管理人员数量是否符合要求	1.企业按照规定设置安全生产管理机构或者配备专职安全生产管理人员。 2.专职安全生产管理人员数量配备符合要求,具体数量可参见各省相关要求	【法律】《中华人民共和国安全生产法》 　　第九十七条　生产经营单位有下列行为之一的,责令限期改正,处十万元以下的罚款;逾期未改正的,责令停产停业整顿,并处十万元以上二十万元以下的罚款,对其直接负责的主管人员和其他直接责任人员处二万元以上五万元以下的罚款: 　　(一)未按照规定设置安全生产管理机构或者配备安全生产管理人员、注册安全工程师的	

序号	检查事项	检查内容	检查依据
7	主要负责人和安全生产管理人员的安全生产知识和管理能力	1.主要负责人和专职安全生产管理人员的安全生产知识和管理能力。 2.主要负责人和专职安全生产管理人员安全考核情况	1.【法律】《中华人民共和国安全生产法》 第二十七条 危险物品的生产、经营、储存、装卸单位以及矿山、金属冶炼、建筑施工、运输单位的主要负责人和安全生产管理人员，应当由主管的负有安全生产监督管理职责的部门对其安全生产知识和管理能力考核合格。考核不得收费。 2.【规范性文件】《交通运输部关于印发〈道路运输企业主要负责人和安全生产管理人员安全考核管理办法〉〈道路运输企业主要负责人和安全生产管理人员安全考核大纲〉的通知》（交运规〔2019〕6号）

续上表

检查方法	检查标准	处罚依据及标准	检查记录
1. 通过资料审查的方式，检查企业主要负责人、专职安全生产管理人员、分管安全的负责人等人员的安全考核合格证明材料。 2. 现场抽查企业主要负责人、专职安全生产管理人员，询问其是否掌握自身安全生产职责	1. 企业主要负责人、专职安全生产管理人员、分管安全的负责人取得交通运输主管部门颁发的安全考核合格证明，且在有效期内，或者取得注册安全工程师（道路运输安全）资质。 2. 主要负责人和专职安全生产管理人员对其安全生产职责和基础安全生产知识熟悉	【法律】《中华人民共和国安全生产法》 第九十七条　生产经营单位有下列行为之一的，责令限期改正，处十万元以下的罚款；逾期未改正的，责令停产停业整顿，并处十万元以上二十万元以下的罚款，对其直接负责的主管人员和其他直接责任人员处二万元以上五万元以下的罚款： （二）危险物品的生产、经营、储存、装卸单位以及矿山、金属冶炼、建筑施工、运输单位的主要负责人和安全生产管理人员未按照规定经考核合格的	

序号	检查事项	检查内容	检查依据
8	从业人员管理	管理人员及专业技术人员配备情况	【部门规章】《道路货物运输及站场管理规定》 第七条 从事货运站经营的,应当具备下列条件: (三)有与其经营规模、经营类别相适应的管理人员和专业技术人员

续上表

检查方法	检查标准	处罚依据及标准	检查记录
现场检查人员配备情况及专业技术人员证件	1.货运站配备与其经营规模、经营类别相适应的管理人员和专业技术人员。 2.从业人员持有有效的从业资格,不存在超越从业资格证件核定范围、失效、伪造、变造等情况	【法律】《中华人民共和国安全生产法》 第一百一十三条 生产经营单位存在下列情形之一的,负有安全生产监督管理职责的部门应当提请地方人民政府予以关闭,有关部门应当依法吊销其有关证照。生产经营单位主要负责人五年内不得担任任何生产经营单位的主要负责人;情节严重的,终身不得担任本行业生产经营单位的主要负责人: (二)经停产停业整顿,仍不具备法律、行政法规和国家标准或者行业标准规定的安全生产条件的	

序号	检查事项	检查内容	检查依据
9	企业货运站房、场地及设施设备配备情况	1. 货运站房、生产调度办公室、信息管理中心、仓库、仓储库棚、场地和道路等设施与其经营规模相适应的情况。 2. 工程竣工验收情况	1.【行政法规】《中华人民共和国道路运输条例》 第三十六条 从事道路运输站（场）经营的，应当具备下列条件： （一）有经验收合格的运输站（场）； （二）有相应的专业人员和管理人员； （三）有相应的设备、设施； （四）有健全的业务操作规程和安全管理制度。 2.【部门规章】《道路货物运输及站场管理规定》 第七条 从事货运站经营的，应当具备下列条件： （一）有与其经营规模相适应的货运站房、生产调度办公室、信息管理中心、仓库、仓储库棚、场地和道路等设施，并经有关部门组织的工程竣工验收合格； （二）有与其经营规模相适应的安全、消防、装卸、通信、计量等设备； （三）有与其经营规模、经营类别相适应的管理人员和专业技术人员； （四）有健全的业务操作规程和安全生产管理制度

续上表

检查方法	检查标准	处罚依据及标准	检查记录
1. 现场检查企业货运站房、生产调度办公室、信息管理中心、仓库、仓储库棚、场地和道路等设施。 2. 现场查看企业经营道路货运站的土地、房屋的合法证明。 3. 现场检查企业配备的安全、消防、装卸、通信、计量等设备	1. 具有与其经营规模相适应的货运站房、生产调度办公室、信息管理中心、仓库、仓储库棚、场地和道路等设施。 2. 上述设施经有关部门组织的工程竣工验收合格。 3. 具有与其经营规模相适应的安全、消防、装卸、通信、计量等设备	【法律】《中华人民共和国安全生产法》 第一百一十三条 生产经营单位存在下列情形之一的,负有安全生产监督管理职责的部门应当提请地方人民政府予以关闭,有关部门应当依法吊销其有关证照。生产经营单位主要负责人五年内不得担任任何生产经营单位的主要负责人;情节严重的,终身不得担任本行业生产经营单位的主要负责人: (二)经停产停业整顿,仍不具备法律、行政法规和国家标准或者行业标准规定的安全生产条件的	

序号	检查事项	检查内容	检查依据
10	货主登记管理	1. 建立运输客户身份、物品信息登记制度情况。 2. 对货物进行安全检查的情况	【法律】《中华人民共和国反恐怖主义法》 第二十条 应当实行安全查验制度,对客户身份进行查验,依照规定对运输、寄递物品进行安全检查或者开封验视。对禁止运输、寄递,存在重大安全隐患,或者客户拒绝安全查验的物品,不得运输、寄递。 前款规定的物流运营单位,应当实行运输、寄递客户身份、物品信息登记制度

续上表

检查方法	检查标准	处罚依据及标准	检查记录
1.实地查验制度文件。 2.检查货主信息和货物信息台账	1.建立了运输企业客户身份、物品信息登记制度。 2.有翔实的货主信息记录	【法律】《中华人民共和国反恐怖主义法》 　　第八十五条　铁路、公路、水上、航空的货运和邮政、快递等物流运营单位有下列情形之一的，由主管部门处十万元以上五十万元以下罚款，并对其直接负责的主管人员和其他直接责任人员处十万元以下罚款： 　　(一)未实行安全查验制度，对客户身份进行查验，或者未依照规定对运输、寄递物品进行安全检查或者开封验视的； 　　(二)对禁止运输、寄递，存在重大安全隐患，或者客户拒绝安全查验的物品予以运输、寄递的； 　　(三)未实行运输、寄递客户身份、物品信息登记制度的	

二、安全生产教育和培训检查事项

序号	检查事项	检查内容	检查依据
1	安全生产教育和培训计划	安全生产教育和培训计划制定情况	【法律】《中华人民共和国安全生产法》 第二十一条 生产经营单位的主要负责人对本单位安全生产工作负有下列职责： (三)组织制定并实施本单位安全生产教育和培训计划

检查方法	检查标准	处罚依据及标准	检查记录
1.通过资料审查的方式,检查企业是否制定年度安全生产教育和培训计划。2.通过现场抽查的方式,检查企业是否按照培训计划开展培训工作	1.企业编制年度安全生产教育和培训计划。2.按照计划开展安全生产教育和培训,如有变更,有变更记录	【法律】《中华人民共和国安全生产法》第九十四条 生产经营单位的主要负责人未履行本法规定的安全生产管理职责的,责令限期改正,处二万元以上五万元以下罚款;逾期未改正的,处五万元以上十万元以下的罚款,责令生产经营单位停产停业整顿	

序号	检查事项	检查内容	检 查 依 据
2	安全生产教育和培训实施	安全生产教育和培训实施情况	1.【法律】《中华人民共和国安全生产法》 第二十八条　生产经营单位应当对从业人员进行安全生产教育和培训,保证从业人员具备必要的安全生产知识,熟悉有关的安全生产规章制度和安全操作规程,掌握本岗位的安全操作技能,了解事故应急处理措施,知悉自身在安全生产方面的权利和义务。未经安全生产教育和培训合格的从业人员,不得上岗作业。 生产经营单位使用被派遣劳动者的,应当将被派遣劳动者纳入本单位从业人员统一管理,对被派遣劳动者进行岗位安全操作规程和安全操作技能的教育和培训。劳务派遣单位应当对被派遣劳动者进行必要的安全生产教育和培训。 生产经营单位接收中等职业学校、高等学校学生实习的,应当对实习学生进行相应的安全生产教育和培训,提供必要的劳动防护用品。学校应当协助生产经营单位对实习学生进行安全生产教育和培训。

续上表

检查方法	检查标准	处罚依据及标准	检查记录
1. 通过资料审查的方式,检查企业是否对从业人员、应急处置人员进行岗前培训并考核,核查培训学时是否符合要求,上岗前是否考核合格。 2. 通过资料审查的方式,检查企业是否对从业人员定期进行安全生产培训和教育,检查培训学时是否符合要求。 3. 通过资料审查的方式,检查驾驶人员是否按期参加继续教育。	1. 新聘用的从业人员需要进行岗前培训,考核合格后方可上岗作业,有相应考核记录和培训证明材料,满足学时要求。 2. 企业定期对从业人员进行安全生产培训和教育,每季度至少培训一次,满足学时要求,有相应培训证明材料。	【法律】《中华人民共和国安全生产法》 第九十七条 生产经营单位有下列行为之一的,责令限期改正,处十万元以下的罚款;逾期未改正的,责令停产停业整顿,并处十万元以上二十万元以下的罚款,对其直接负责的主管人员和其他直接责任人员处二万元以上五万元以下的罚款: (三)未按照规定对从业人员、被派遣劳动者、实习学生进行安全生产教育和培训,或者未按照规定如实告知有关的安全生产事项的	

序号	检查事项	检查内容	检查依据
			2.【行政法规】《中华人民共和国道路运输条例》 第二十八条　客运经营者、货运经营者应当加强对从业人员的安全教育、职业道德教育,确保道路运输安全。 3.【行政法规】《生产安全事故应急条例》 第十一条　应急救援队伍建立单位或者兼职应急救援人员所在单位应当按照国家有关规定对应急救援人员进行培训;应急救援人员经培训合格后,方可参加应急救援工作。 第十五条　生产经营单位应当对从业人员进行应急教育和培训,保证从业人员具备必要的应急知识,掌握风险防范技能和事故应急措施

续上表

检查方法	检查标准	处罚依据及标准	检查记录
4.通过资料审查的方式,检查企业是否对实习人员、被派遣劳动者、离岗6个月以上或换岗人员等人员(如有)进行安全生产教育培训。 5.通过资料审查和现场检查的方式,检查企业是否对道路交通违法和事故驾驶员进行针对性的教育和处理。 6.通过现场抽查,检查从业人员或者应急处置人员,现场询问其对安全生产相关法律法规、典型交通事故案例、应急处置等内容的了解程度	3.企业对实习人员、被派遣劳动者、离岗6个月以上或换岗人员等进行安全生产培训和教育,有相应培训证明材料。 4.对道路交通违法和事故驾驶人员进行针对性的教育和处理,有相应培训记录和处理记录。 5.被抽查人员,对安全生产教育和培训内容掌握情况良好		

序号	检查事项	检查内容	检查依据
3	安全生产教育和培训档案	1. 档案建立和记录情况。 2. 档案保存情况	【法律】《中华人民共和国安全生产法》第二十八条 生产经营单位应当建立安全生产教育和培训档案,如实记录安全生产教育和培训的时间、内容、参加人员以及考核结果等情况

续上表

检查方法	检查标准	处罚依据及标准	检查记录
1.通过资料审查的方式,查看安全生产教育和培训档案内容是否包括培训时间、内容、参加人员以及考核结果等情况。 2.通过资料审查的方式,查看安全生产教育和培训档案是否存在未如实记录的情况。 3.现场抽查往年培训档案,检查档案保存时限是否符合要求	1.企业建立安全生产教育和培训档案,档案内容包括培训时间、内容、参加人员以及考核结果等情况。 2.企业如实记录安全生产教育和培训情况。 3.岗前安全教育培训及考核记录保存至相关从业人员离职后12个月;定期安全教育培训记录保存期限不得少于12个月	【法律】《中华人民共和国安全生产法》 　　第九十七条　生产经营单位有下列行为之一的,责令限期改正,处十万元以下的罚款;逾期未改正的,责令停产停业整顿,并处十万元以上二十万元以下的罚款,对其直接负责的主管人员和其他直接责任人员处二万元以上五万元以下的罚款: 　　(四)未如实记录安全生产教育和培训情况的	

三、安全生产费用检查事项

序号	检查事项	检查内容	检查依据
1	安全生产费用提取与使用	1. 安全生产费用提取情况。 2. 企业安全费用使用情况	1.【法律】《中华人民共和国安全生产法》 第二十三条　生产经营单位应当具备的安全生产条件所必需的资金投入，由生产经营单位的决策机构、主要负责人或者个人经营的投资人予以保证，并对由于安全生产所必需的资金投入不足导致的后果承担责任。有关生产经营单位应当按照规定提取和使用安全生产费用，专门用于改善安全生产条件。安全生产费用在成本中据实列支。安全生产费用提取、使用和监督管理的具体办法由国务院财政部门会同国务院应急管理部门征求国务院有关部门意见后制定。 2.【规范性文件】《企业安全生产费用提取和使用管理办法》 第二十四条　交通运输企业以上一年度营业收入为依据，确定本年度应计提金额，并逐月平均提取。具体如下： （一）普通货运业务1%；……

检查方法	检查标准	处罚依据及标准	检查记录
1. 通过资料审查的方式,检查企业安全生产费用台账和相关财务凭证,核查其提取比例是否符合要求,重点检查是否专户核算,是否存在挤占、挪用等行为。 2. 通过资料审查的方式,检查企业安全生产费用使用台账和相关财务凭证,核查其支出范围是否符合要求	1. 企业制定安全生产费用提取和使用独立台账。 2. 有财务凭证证明其提取比例不低于上年度实际营业收入的1%。 3. 企业按照规定范围使用安全生产费用,且有相应的财务凭证或者合同等文件佐证。具体使用范围如下:完善改造和维护安全防护设施设备支出(不含"三同时"要求初期投入的安全设施),包括道路运输设施设备和装卸工具安全状况检测及维护系统、运输设施设备和装卸工具附属安全设备等支出;配备、维护、保养应急救援器材、设备	【法律】《中华人民共和国安全生产法》 第九十三条 生产经营单位的决策机构、主要负责人或者个人经营的投资人不依照本法规定保证安全生产所必需的资金投入,致使生产经营单位不具备安全生产条件的,责令限期改正,提供必需的资金;逾期未改正的,责令生产经营单位停产停业整顿。 有前款违法行为,导致发生生产安全事故的,对生产经营单位的主要负责人给予撤职处分,对个人经营的投资人处二万元以上二十万元以下的罚款;构成犯罪的,依照刑法有关规定追究刑事责任	

序号	检查事项	检查内容	检查依据

续上表

检查方法	检查标准	处罚依据及标准	检查记录
	支出和应急救援队伍建设、应急预案制修订与应急演练支出;开展安全风险分级管控和事故隐患整改支出;安全生产检查、评估评价(不包括新建、改建、扩建项目安全评价)、咨询及标准化建设支出;配备和更新现场作业人员安全防护用品支出;安全生产宣传、教育、培训和从业人员发现并报告事故隐患的奖励支出;安全生产适用的新技术、新标准、新工艺、新装备的推广应用支出;安全设施及特种设备检测检验支出;安全生产责任保险支出;其他与安全生产直接相关的支出		

四、车辆、设施、设备、货物检查事项

序号	检查事项	检查内容	检 查 依 据
1	车辆营运资质	总质量4500千克以上普通货运车辆具有营运证	1.【行政法规】《中华人民共和国道路运输条例》 第三十三条　道路运输车辆应当随车携带车辆营运证,不得转让、出租。 2.【部门规章】《道路货物运输及站场管理规定》 第二十三条　道路货物运输经营者应当要求其聘用的车辆驾驶员随车携带按照规定要求取得的《道路运输证》

检查方法	检查标准	处罚依据及标准	检查记录
实地抽查4500千克以上普通货运车辆营运证	1. 总质量4500千克以上普通货运车辆随车携带营运证,驾驶员携带从业资格证。 2. 相关证件均在有效期内	1.【行政法规】《中华人民共和国道路运输条例》 　第六十八条　违反本条例的规定,客运经营者、货运经营者不按照规定携带车辆营运证的,由县级以上地方人民政府交通运输主管部门责令改正,处警告或者20元以上200元以下的罚款。 2.【部门规章】《道路货物运输及站场管理规定》 　第六十三条　违反本规定,取得道路货物运输经营许可的道路货物运输经营者使用无《道路运输证》的车辆参加普通货物运输的,由交通运输主管部门责令改正,处1000元以上3000元以下的罚款。 　违反前款规定使用无《道路运输证》的车辆参加危险货物运输的,由交通运输主管部门责令改正,处3000元以上1万元以下的罚款	

序号	检查事项	检查内容	检查依据
2	现场作业设备设施管理	1. 作业设备安全性是否符合国家相关标准，建立设备维护制度。 2. 按要求淘汰危及生产安全的设备	【法律】《中华人民共和国安全生产法》 　第三十六条　安全设备的设计、制造、安装、使用、检测、维修、改造和报废，应当符合国家标准或者行业标准。 　生产经营单位必须对安全设备进行经常性维护、保养，并定期检测，保证正常运转。维护、保养、检测应当做好记录，并由有关人员签字。 　生产经营单位不得关闭、破坏直接关系生产安全的监控、报警、防护、救生设备、设施，或者篡改、隐瞒、销毁其相关数据、信息。餐饮等行业的生产经营单位使用燃气的，应当安装可燃气体报警装置，并保障其正常使用。 　第三十八条　生产经营单位不得使用应当淘汰的危及生产安全的工艺、设备

续上表

检查方法	检查标准	处罚依据及标准	检查记录
1.实地检查作业设备技术性能状况和维护标识。 2.查阅作业设备相关的保养维护制度和台账	1.作业设备技术安全性和维保符合国家要求。 2.设备维修保养制度翔实,记录清晰	【法律】《中华人民共和国安全生产法》 第九十九条 生产经营单位有下列行为之一的,责令限期改正,处五万元以下的罚款;逾期未改正的,处五万元以上二十万元以下的罚款,对其直接负责的主管人员和其他直接责任人员处一万元以上二万元以下的罚款;情节严重的,责令停产停业整顿;构成犯罪的,依照刑法有关规定追究刑事责任	

序号	检查事项	检查内容	检查依据
3	个人防护设备管理	1.从业人员防护用品配备和符合标准情况。 2.从业人员按要求佩戴防护用品情况	【法律】《中华人民共和国安全生产法》 第四十五条　生产经营单位必须为从业人员提供符合国家标准或者行业标准的劳动防护用品，并监督、教育从业人员按照使用规则佩戴、使用

续上表

检查方法	检查标准	处罚依据及标准	检查记录
实地抽查作业人员个人防护用品的质量和佩戴情况	1.个人防护用品配备充分,符合质量标准。 2.现场作业人员按要求正确佩戴个人防护用品	【法律】《中华人民共和国安全生产法》 第九十九条 生产经营单位有下列行为之一的,责令限期改正,处五万元以下的罚款;逾期未改正的,处五万元以上二十万元以下的罚款,对其直接负责的主管人员和其他直接责任人员处一万元以上二万元以下的罚款;情节严重的,责令停产停业整顿;构成犯罪的,依照刑法有关规定追究刑事责任	

序号	检查事项	检查内容	检查依据
4	消防设施管理	1. 消防设施配备情况。 2. 维护保养消防设施、器材情况	【法律】《中华人民共和国消防法》 　　第五条　任何单位和个人都有维护消防安全、保护消防设施、预防火灾、报告火警的义务。任何单位和成年人都有参加有组织的灭火工作的义务

续上表

检查方法	检查标准	处罚依据及标准	检查记录
1. 会同消防部门实地检查站场内消防设施、器材技术状况。 2. 会同消防部门检查消防设施、器材维护保养台账	1. 设有足够、有效的消防设施和器材。 2. 消防设施和器材维护保养记录翔实	【法律】《中华人民共和国消防法》 第六十条 单位违反本法规定,有下列行为之一的,责令改正,处五千元以上五万元以下罚款： （一）消防设施、器材或者消防安全标志的配置、设置不符合国家标准、行业标准,或者未保持完好有效的； （二）损坏、挪用或者擅自拆除、停用消防设施、器材的； （三）占用、堵塞、封闭疏散通道、安全出口或者有其他妨碍安全疏散行为的； （四）埋压、圈占、遮挡消火栓或者占用防火间距的； （五）占用、堵塞、封闭消防车通道,妨碍消防车通行的； （六）人员密集场所在门窗上设置影响逃生和灭火救援的障碍物的；	

序号	检查事项	检查内容	检查依据

续上表

检查方法	检查标准	处罚依据及标准	检查记录
		（七）对火灾隐患经消防救援机构通知后不及时采取措施消除的。 个人有前款第二项、第三项、第四项、第五项行为之一的，处警告或者五百元以下罚款。 有本条第一款第三项、第四项、第五项、第六项行为，经责令改正拒不改正的，强制执行，所需费用由违法行为人承担。	

序号	检查事项	检查内容	检 查 依 据
5	货物的包装管理	站场内货物按规定进行包装的情况	【部门规章】《道路货物运输及站场管理规定》 第三十九条 货物运输包装应当按照国家规定的货物运输包装标准作业,包装物和包装技术、质量要符合运输要求

续上表

检查方法	检查标准	处罚依据及标准	检查记录
现场抽查站场内货物包装要求的执行情况	站场现场货物包装按不同类型进行包装，符合安全要求	【部门规章】《道路货物运输及站场管理规定》 第六十四条 违反本规定，道路货物运输经营者有下列情形之一的，由交通运输主管部门责令改正，处1000元以上3000元以下的罚款；情节严重的，由原许可机关吊销道路运输经营许可证或者吊销其相应的经营范围： （二）没有采取必要措施防止货物脱落、扬撒的	

五、场地安全管理检查事项

序号	检查事项	检查内容	检查依据
1	场地封闭管理	1.站场封闭情况。 2.按规定对站场内运营车辆进行进出站安全检查的情况	【行政法规】《中华人民共和国道路运输条例》 第四十条 道路运输站（场）经营者应当对出站的车辆进行安全检查，禁止无证经营的车辆进站从事经营活动，防止超载车辆或者未经安全检查的车辆出站

检查方法	检查标准	处罚依据及标准	检查记录
1.查阅道路运输站(场)经营者制定的车辆安全检查和超载检查等台账记录。 2.现场检查站场车辆进出站安全检查执行情况	1.建立运营车辆安全检查制度,且制度翔实可行。 2.车辆进出站记录台账记录翔实。 3.现场车辆按照要求执行安全检查,且与台账记录相符	【行政法规】《中华人民共和国道路运输条例》 　　第七十条　违反本条例的规定,道路旅客运输站(场)经营者允许无证经营的车辆进站从事经营活动以及超载车辆、未经安全检查的车辆出站或者无正当理由拒绝道路运输车辆进站从事经营活动的,由县级以上地方人民政府交通运输主管部门责令改正,处1万元以上3万元以下的罚款。 　　道路货物运输站(场)经营者有前款违法情形的,由县级以上地方人民政府交通运输主管部门责令改正,处3000元以上3万元以下的罚款	

序号	检查事项	检查内容	检 查 依 据
2	安全标志设置	有危险因素的站场区域、设备设施上设置安全警示标志情况	【法律】《中华人民共和国安全生产法》第三十五条 生产经营单位应当在有较大危险因素的生产经营场所和有关设施、设备上,设置明显的安全警示标志

续上表

检查方法	检查标准	处罚依据及标准	检查记录
实地检查安全警示标志	1.在有危险因素的站场区域、设备设施上设置明显的安全警示标志。 2.安全警示标志清晰无破损	【法律】《中华人民共和国安全生产法》 第九十九条 生产经营单位有下列行为之一的,责令限期改正,处五万元以下的罚款;逾期未改正的,处五万元以上二十万元以下的罚款,对其直接负责的主管人员和其他直接责任人员处一万元以上二万元以下的罚款;情节严重的,责令停产停业整顿;构成犯罪的,依照刑法有关规定追究刑事责任: (一)未在有较大危险因素的生产经营场所和有关设施、设备上设置明显的安全警示标志的	

序号	检查事项	检查内容	检查依据
3	货物的堆放和存储	场地内按规定堆放和存储货物的情况	【部门规章】《道路货物运输及站场管理规定》 第三十八条 货运站经营者应当按照货物的性质、保管要求进行分类存放,保证货物完好无损,不得违规存放危险货物

续上表

检 查 方 法	检 查 标 准	处罚依据及标准	检查记录
1. 查阅道路运输站场经营者制定的货物分类、堆放和存储等制度。 2. 查阅道路运输站场经营者货物堆放和存储记录台账。 3. 现场检查站场内货物堆放和存储执行情况	1. 建立货物堆放和存储制度，且制度翔实可行。 2. 站场现场货物存储记录台账翔实、准确。 3. 站场现场货物按要求进行分类、堆放和存储，无安全隐患，且与记录台账相符	**【法律】**《中华人民共和国安全生产法》 第一百零二条 生产经营单位未采取措施消除事故隐患的，责令立即消除或者限期消除，处五万元以下的罚款；生产经营单位拒不执行的，责令停产停业整顿，对其直接负责的主管人员和其他直接责任人员处五万元以上十万元以下的罚款；构成犯罪的，依照刑法有关规定追究刑事责任	

序号	检查事项	检查内容	检 查 依 据
4	站场内员工宿舍	企业员工宿舍安全管理情况	【法律】《中华人民共和国安全生产法》第四十二条 生产、经营、储存、使用危险物品的车间、商店、仓库不得与员工宿舍在同一座建筑物内,并应当与员工宿舍保持安全距离。生产经营场所和员工宿舍应当设有符合紧急疏散要求、标志明显、保持畅通的出口、疏散通道。禁止占用、锁闭、封堵生产经营场所或者员工宿舍的出口、疏散通道

续上表

检查方法	检查标准	处罚依据及标准	检查记录
实地检查宿舍安全管理情况	1. 宿舍与具有安全生产作业风险的区域保持安全距离。 2. 设有符合紧急疏散要求、标志明显、保持畅通的出口、疏散通道。禁止占用、锁闭、封堵出口、疏散通道	【法律】《中华人民共和国安全生产法》 第一百零二条 生产经营单位有下列行为之一的,责令限期改正,处五万元以下的罚款,对其直接负责的主管人员和其他直接责任人员处一万元以下的罚款;逾期未改正的,责令停产停业整顿;构成犯罪的,依照刑法有关规定追究刑事责任	

六、监控管理检查事项

序号	检查事项	检查内容	检查依据
1	站场视频监控管理	1. 道路货物运输站场经营者建立视频监控系统的情况。 2. 道路货物运输站场经营者建立视频监控制度的情况。 3. 视频监控存储的情况	【法律】《中华人民共和国反恐怖主义法》 第三十二条 重点目标的管理单位应当建立公共安全视频图像信息系统值班监看、信息保存使用、运行维护等管理制度,保障相关系统正常运行。采集的视频图像信息保存期限不得少于九十日。对重点目标以外的涉及公共安全的其他单位、场所、活动、设施,其主管部门和管理单位应当依照法律、行政法规规定,建立健全安全管理制度,落实安全责任

检查方法	检查标准	处罚依据及标准	检查记录
1.会同公安部门检查道路货物运输站场经营者是否建立视频监控和信息存储系统。 2.会同公安部门检查视频监控九十日内的监控资料。 3.会同公安部门查阅视频监控相关管理制度	1.道路货物运输站场经营者建立完善的视频监控和信息存储系统，配备相应的监控和存储设备，且运行正常。 2.道路货物运输站场经营者可提供近九十日的视频监控信息资料。 3.道路货物运输站场经营者制定健全的监控值班、信息保存和运行维护等制度	【法律】《中华人民共和国反恐怖主义法》 第八十八条　防范恐怖袭击重点目标的管理、营运单位违反本法规定，有下列情形之一的，由公安机关给予警告，并责令改正；拒不改正的，处十万元以下罚款，并对其直接负责的主管人员和其他直接责任人员处一万元以下罚款： （六）未建立公共安全视频图像信息系统值班监看、信息保存使用、运行维护等管理制度的	

七、应急管理

序号	检查事项	检查内容	检查依据
1	应急预案制定	应急预案编制情况	1.【法律】《中华人民共和国安全生产法》 第八十一条 生产经营单位应当制定本单位生产安全事故应急救援预案，与所在地县级以上地方人民政府组织制定的生产安全事故应急救援预案相衔接，并定期组织演练。 2.【行政法规】《生产安全事故应急条例》 第五条 生产经营单位应当针对本单位可能发生的生产安全事故的特点和危害，进行风险辨识和评估，制定相应的生产安全事故应急救援预案，并向本单位从业人员公布。 3.【部门规章】《交通运输突发事件应急管理规定》 第七条 交通运输企业应当按照所在地交通运输主管部门制定的交通运输突发事件应急预案，制定本单位交通运输突发事件应急预案。

检 查 方 法	检 查 标 准	处罚依据及标准	检查记录
1.通过资料审查的方式,检查企业是否按照相关法律法规制定应急预案。 2.通过资料审查的方式,检查应急预案是否经主要负责人签发,并向相关人员公布	企业按照规定制定应急预案,预案原则上包括综合应急预案、专项应急预案和现场处置方案	【法律】《中华人民共和国安全生产法》 　第九十七条　生产经营单位有下列行为之一的,责令限期改正,处十万元以下的罚款;逾期未改正的,责令停产停业整顿,并处十万元以上二十万元以下的罚款,对其直接负责的主管人员和其他直接责任人员处二万元以上五万元以下的罚款: (六)未按照规定制定生产安全事故应急救援预案或者未定期组织演练的	

序号	检查事项	检查内容	检查依据
			4.【部门规章】《生产安全事故应急预案管理办法》 第十六条 生产经营单位应急预案应当包括向上级应急管理机构报告的内容、应急组织机构和人员的联系方式、应急物资储备清单等附件信息。附件信息发生变化时,应当及时更新,确保准确有效。 第二十四条 生产经营单位的应急预案经评审或者论证后,由本单位主要负责人签署,向本单位从业人员公布,并及时发放到本单位有关部门、岗位和相关应急救援队伍。事故风险可能影响周边其他单位、人员的,生产经营单位应当将有关事故风险的性质、影响范围和应急防范措施告知周边的其他单位和人员

续上表

检查方法	检查标准	处罚依据及标准	检查记录

序号	检查事项	检查内容	检查依据
2	应急预案修订	应急预案修订情况	1.【行政法规】《生产安全事故应急条例》 第六条　生产安全事故应急救援预案应当符合有关法律、法规、规章和标准的规定,具有科学性、针对性和可操作性,明确规定应急组织体系、职责分工以及应急救援程序和措施。有下列情形之一的,生产安全事故应急救援预案制定单位应当及时修订相关预案: (一)制定预案所依据的法律、法规、规章、标准发生重大变化; (二)应急指挥机构及其职责发生调整; (三)安全生产面临的风险发生重大变化; (四)重要应急资源发生重大变化; (五)在预案演练或者应急救援中发现需要修订预案的重大问题; (六)其他应当修订的情形。 2.【部门规章】《生产安全事故应急预案管理办法》 第三十六条　有下列情形之一的,应急预案应当及时修订并归档: (一)依据的法律、法规、规章、标准及上位预案中的有关规定发生重大变化的; (二)应急指挥机构及其职责发生调整的; (三)安全生产面临的风险发生重大变化的; (四)重要应急资源发生重大变化的; (五)在应急演练和事故应急救援中发现需要修订预案的重大问题的; (六)编制单位认为应当修订的其他情况

续上表

检查方法	检查标准	处罚依据及标准	检查记录
通过资料审查的方式,检查企业应急预案是否及时修订补充完善,尤其是应急指挥机构等发生调整,所依据的法律、法规、规章、标准发生重大变化时	企业根据需求及时修订完善应急预案	【部门规章】《生产安全事故应急预案管理办法》 第四十五条 生产经营单位有下列情形之一的,由县级以上人民政府应急管理部门责令限期改正,可以处1万元以上3万元以下的罚款: (五)未按照规定进行应急预案修订的	

序号	检查事项	检查内容	检 查 依 据
3	专兼职应急人员	企业配备兼职应急救援人员情况	1.【法律】《中华人民共和国安全生产法》 第八十三条 危险物品的生产、经营、储存单位以及矿山、金属冶炼、城市轨道交通运营、建筑施工单位应当建立应急救援组织；生产经营规模较小的，可以不建立应急救援组织，但应当指定兼职的应急救援人员。 2.【行政法规】《生产安全事故应急条例》 第十条 易燃易爆物品、危险化学品等危险物品的生产、经营、储存、运输单位，矿山、金属冶炼、城市轨道交通运营、建筑施工单位，以及宾馆、商场、娱乐场所、旅游景区等人员密集场所经营单位，应当建立应急救援队伍；其中，小型企业或者微型企业等规模较小的生产经营单位，可以不建立应急救援队伍，但应当指定兼职的应急救援人员，并且可以与邻近的应急救援队伍签订应急救援协议。 3.【部门规章】《交通运输突发事件应急管理规定》 第十四条 交通运输企业应当根据实际需要，建立由本单位职工组成的专职或者兼职应急队伍

续上表

检查方法	检查标准	处罚依据及标准	检查记录
1.通过资料审查和现场抽查的方式,检查企业是否配备专兼职应急救援人员。2.对照应急救援人员清单,随机抽查现场咨询应急救援人员是否熟悉自身工作职责	1.企业根据规模大小,配备专兼职应急救援人员,制定应急救援人员清单。2.抽查的应急救援人员知晓自身工作职责		

序号	检查事项	检查内容	检查依据
4	应急演练	应急预案演练情况	1.【法律】《中华人民共和国安全生产法》 第八十一条　生产经营单位应当制定本单位生产安全事故应急救援预案,与所在地县级以上地方人民政府组织制定的生产安全事故应急救援预案相衔接,并定期组织演练。 2.【部门规章】《生产安全事故应急预案管理办法》 第三十三条　生产经营单位应当制定本单位的应急预案演练计划,根据本单位的事故风险特点,每年至少组织一次综合应急预案演练或者专项应急预案演练,每半年至少组织一次现场处置方案演练。 3.【部门规章】《交通运输突发事件应急管理规定》 第二十一条　交通运输主管部门、交通运输企业应当根据本地区、本单位交通运输突发事件的类型和特点,制订应急演练计划,定期组织开展交通运输突发事件应急演练

续上表

检查方法	检查标准	处罚依据及标准	检查记录
1.通过资料审查的方式,检查企业是否制定应急演练计划。2.通过资料审查和现场询问的方式,检查企业是否定期开展应急演练,演练频次符合要求,且至少每半年组织一次应急演练	1.企业制定应急演练计划。2.企业按照要求定期开展应急演练,有应急预案演练记录、演练评估报告,且每年至少组织一次综合应急预案演练或者专项应急预案演练,每半年至少组织一次现场处置方案演练	【法律】《中华人民共和国安全生产法》第九十七条 生产经营单位有下列行为之一的,责令限期改正,可以处十万元以下的罚款;逾期未改正的,责令停产停业整顿,并处十万元以上二十万元以下的罚款,对其直接负责的主管人员和其他直接责任人员处二万元以上五万元以下的罚款:(六)未按照规定制定生产安全事故应急救援预案或者未定期组织演练的	

八、风险分级管控与隐患排查治理

序号	检查事项	检查内容	检查依据
1	风险辨识	企业风险辨识情况	【规范性文件】《公路水路行业安全生产风险管理暂行办法》 第十一条　生产经营单位应针对本单位生产经营活动范围及其生产经营环节，按照相关法规标准要求，编制风险辨识手册，明确风险辨识范围、方式和程序。 第十四条　全面辨识应每年不少于1次，专项辨识应在生产经营环节或其要素发生重大变化或管理部门有特殊要求时及时开展。安全生产风险辨识结束后应形成风险清单

检查方法	检查标准	处罚依据及标准	检查记录
1.通过资料审查的方式,检查企业是否根据本单位生产经营活动范围及其生产经营环节,编制风险辨识手册,明确风险辨识范围、方式和程序。 2.通过资料审查的方式,检查企业是否按照《公路水路行业安全生产风险管理暂行办法》进行全面辨识和专项辨识,并形成风险清单。全面辨识应每年不少于1次	1.企业编制风险辨识手册,明确风险辨识范围、方式和程序。 2.企业定期开展全面辨识和专项辨识,并形成风险清单。全面辨识应每年不少于1次		

序号	检查事项	检查内容	检 查 依 据
2	风险分级管控	企业风险分级管控、记录情况	1.【法律】《中华人民共和国安全生产法》 第四十一条　生产经营单位应当建立安全风险分级管控制度,按照安全风险分级采取相应的管控措施。 2.【规范性文件】《公路水路行业安全生产风险管理暂行办法》 第十五条　生产经营单位应依据风险等级判定指南,对风险清单中所列风险进行逐项评估,确定风险等级以及主要致险因素和控制范围。 第十七条　生产经营单位应依据风险的等级、性质等因素,科学制定管控措施。 第二十条　生产经营单位应当将风险基本情况、应急措施等信息通过安全手册、公告提醒、标识牌、讲解宣传等方式告知本单位从业人员和进入风险工作区域的外来人员,指导、督促做好安全防范

续上表

检查方法	检查标准	处罚依据及标准	检查记录
1.通过资料审查的方式,检查企业是否建立安全风险分级管控制度,是否针对不同等级的安全风险采取相应的管控措施。 2.通过资料审查的方式,检查企业是否对风险清单所列风险进行等级划分,并确定主要致险因素、控制范围和管控措施。 3.通过资料审查的方式,检查企业是否将风险基本情况、应急措施等信息通过安全手册、公告提醒、标识牌、讲解宣传等方式告知从业人员和进入风险工作区域的外来人员。 4.通过资料审查的方式,检查企业是否建立风险辨识、评估、监测、管控等工作的记录档案	1.企业建立安全风险分级管控制度,按照安全风险分组采取相应的管控措施。 2.企业对风险清单所列风险进行等级划分,并确定主要致险因素、控制范围和管控措施。 3.企业通过适当的方式向从业人员告知风险情况、应急措施等信息。 4.企业建立风险辨识、评估、监测、管控等工作的记录档案	【法律】《中华人民共和国安全生产法》 第一百零一条 生产经营单位有下列行为之一的,责令限期改正,处十万元以下的罚款;逾期未改正的,责令停产停业整顿,并处十万元以上二十万元以下的罚款,对其直接负责的主管人员和其他直接责任人员处二万元以上五元以下的罚款;构成犯罪的,依照刑法有关规定追究刑事责任: (四)未建立安全风险分级管控制度或者未按照安全风险分级采取相应管控措施的	

序号	检查事项	检查内容	检查依据
3	重大风险管控、登记和备案（如有）	1. 重大风险管理制度。 2. 重大风险专项应急措施。 3. 重大风险登记和备案。 4. 重大风险监测管控	1.【规范性文件】《公路水路行业安全生产风险管理暂行办法》 第二十四条 生产经营单位应如实记录风险辨识、评估、监测、管控等工作，并规范管理档案。重大风险应单独建立清单和专项档案。 第二十六条 生产经营单位应按下列要求加强重大风险管控： （一）对重大风险制定动态监测计划，定期更新监测数据或状态，每月不少于1次，并单独建档； （二）重大风险应单独编制专项应急措施； （三）重大风险确定后按年度组织专业技术人员对风险管控措施进行评估改进，年度评估报告应在次年1个月内通过交通运输安全生产风险管理系统向属地负有安全生产监督管理职责的交通运输管理部门报送。 第二十八条 生产经营单位应当在重大风险所在场所设置明显的安全警示标志，标明重大风险危险特性、可能发生的事件后果、安全防范和应急措施。

续上表

检查方法	检查标准	处罚依据及标准	检查记录
1.通过资料审查和现场检查的方式,检查企业是否存在重大风险。 2.通过资料审查和现场检查的方式,检查企业是否制定重大风险管理制度、专项应急措施,并落实相应岗位责任制。 3.通过资料审查和现场检查的方式,检查企业是否按照《公路水路行业安全生产风险管理暂行办法》的要求,进行重大风险登记、监测管控和备案。	1.若存在重大风险,按照要求制定重大风险管理制度、专项应急措施,并落实相应岗位责任制。 2.企业根据要求进行重大风险登记和备案,制定动态监测计划,每月不少于1次地进行监测管控。 3.在重大风险所在场所设置明显的安全警示标志,标明重大风险危险特性、可能发生的事件后果、安全防范和应急措施	【规范性文件】《公路水路行业安全生产风险管理暂行办法》 第四十条 属地负有安全生产监督管理职责的交通运输管理部门应对监督抽查发现重大风险辨识、管控、登记等工作落实不到位的生产经营单位采取以下措施予以监督整改。 (一)对未建立完善的重大风险管理制度、机制、岗位责任体系和重大风险应急措施的予以督促整改; (二)对未按规定开展重大风险辨识、评估、登记、评估改进和应急演练等工作的予以限期整改;	

序号	检查事项	检查内容	检查依据
			第三十条　生产经营单位应当将本单位重大风险有关信息通过公路水路行业安全生产风险管理信息系统进行登记,构成重大危险源的应向属地综合安全生产监督管理部门备案。登记(含重大危险源报备,下同)信息应当及时、准确、真实

续上表

检查方法	检查标准	处罚依据及标准	检查记录
4.通过现场检查的方式,查看企业是否在重大风险所在场所设置明显的安全警示标志,标明重大风险危险特性、可能发生的事件后果、安全防范和应急措施		(三)对重大风险未有效实施监测和控制的纳入重大安全生产隐患予以挂牌督办; (四)对重大风险控制不力,不能保证安全的,应依据相关法律法规予以处罚	

序号	检查事项	检查内容	检查依据
4	隐患排查	1. 隐患排查制度建立情况。 2. 隐患排查开展情况	1.【法律】《中华人民共和国安全生产法》 第四十一条　生产经营单位应当建立安全风险分级管控制度，按照安全风险分级采取相应的管控措施。 　　生产经营单位应当建立健全并落实生产安全事故隐患排查治理制度，采取技术、管理措施，及时发现并消除事故隐患。事故隐患排查治理情况应当如实记录，并通过职工大会或者职工代表大会、信息公示栏等方式向从业人员通报。其中，重大事故隐患排查治理情况应当及时向负有安全生产监督管理职责的部门和职工大会或者职工代表大会报告。 2.【规范性文件】《公路水路行业安全生产事故隐患治理暂行办法》 第九条　生产经营单位应当建立健全隐患排查、告知(预警)、整改、评估验收、报备、奖惩考核、建档等制度，逐级明确隐患治理责任，落实到具体岗位和人员。

续上表

检查方法	检查标准	处罚依据及标准	检查记录
1.通过资料审查的方式,检查企业是否制定隐患排查制度,包括隐患排查、告知(预警)、整改、评估验收、报备、奖惩考核、建档等信息。 2.通过资料审查和现场检查的方式,检查企业是否指定专门机构进行隐患排查治理。 3.通过资料审查的方式,检查企业是否定期开展隐患排查,包括日常排查、定期排查和专项排查等。其中:日常排查每周应不少于1次,定期排查每半年应不少于1次。	1.企业制定了隐患排查制度,内容齐全。 2.企业指定专门机构进行隐患排查和治理。 3.企业定期开展隐患排查,其中:日常排查每周应不少于1次,定期排查每半年应不少于1次。 4.企业建立的隐患排查记录,并如实填写,内容包括排查对象或范围、时间、人员、安全技术状况、处理意见等内容,经隐患排查直接责任人签字。	【法律】《中华人民共和国安全生产法》 第九十八条 生产经营单位有下列行为之一的,责令限期改正,可以处十万元以下的罚款;逾期未改正的,责令停产停业整顿,并处十万元以上二十万元以下的罚款,对其直接负责的主管人员和其他直接责任人员处二万元以上五万元以下的罚款;构成犯罪的,依照刑法有关规定追究刑事责任: (四)未建立事故隐患排查治理制度的。 第九十七条 生产经营单位有下列行为之一的,责令限期改正,处十万元以下的罚款;逾期未改正的,责令停产停业整顿,并处	

序号	检查事项	检查内容	检查依据
			第十一条 生产经营单位应当建立隐患日常排查、定期排查和专项排查工作机制,明确隐患排查的责任部门和人员、排查范围、程序、频次、统计分析、效果评价和评估改进等要求,及时发现并消除隐患。 第十二条 隐患日常排查是生产经营单位结合日常工作组织开展的经常性隐患排查,排查范围应覆盖日常生产作业环节,日常排查每周应不少于1次。 第十五条 生产经营单位应指定专门机构负责本单位安全生产隐患治理工作,定期检查本单位的安全生产状况,及时组织排查隐患,提出改进安全生产管理的建议。 第十七条 生产经营单位应认真填写隐患排查记录,形成隐患排查工作台账,包括排查对象或范围、时间、人员、安全技术状况、处理意见等内容,经隐患排查直接责任人签字后妥善保存

续上表

检查方法	检查标准	处罚依据及标准	检查记录
4.通过资料审查的方式,检查企业是否填写隐患排查记录,形成隐患排查工作台账,包括排查对象或范围、时间、人员、安全技术状况、处理意见等内容,经隐患排查直接责任人签字后妥善保存。 5.通过资料审查和现场检查的方式,检查企业是否通过职工大会或者职工代表大会、信息公示栏等方式向从业人员通报事故隐患排查治理情况,重大事故隐患排查治理情况是否及时向负有安全生产监督管理职责的部门和职工大会或者职工代表大会报告	5.企业向从业人员通报事故隐患排查治理情况,重大事故隐患排查治理情况按照规定报告	十万元以上二十万元以下的罚款,对其直接负责的主管人员和其他直接责任人员处二万元以上五万元以下的罚款: (五)未将事故隐患排查治理情况如实记录或者未向从业人员通报的。 第一百零一条 生产经营单位有下列行为之一的,责令限期改正,处十万元以下的罚款;逾期未改正的,责令停产停业整顿,并处十万元以上二十万元以下的罚款,对其直接负责的主管人员和其他直接责任人员处二万元以上五万元以下的罚款;构成犯罪的,依照刑法有关规定追究刑事责任: (五)未建立事故隐患排查治理制度,或者重大事故隐患排查治理情况未按照规定报告的	

序号	检查事项	检查内容	检查依据
5	隐患治理闭环管理	1.隐患治理闭环管理情况。 2.制定隐患治理记录情况	1.【法律】《中华人民共和国安全生产法》 第四十一条 生产经营单位应当建立安全风险分级管控制度,按照安全风险分级采取相应的管控措施。 生产经营单位应当建立健全并落实生产安全事故隐患排查治理制度,采取技术、管理措施,及时发现并消除事故隐患。事故隐患排查治理情况应当如实记录,并通过职工大会或者职工代表大会、信息公示栏等方式向从业人员通报。其中,重大事故隐患排查治理情况应当及时向负有安全生产监督管理职责的部门和职工大会或者职工代表大会报告。 2.【规范性文件】《公路水路行业安全生产事故隐患治理暂行办法》 第十九条 生产经营单位应对排查出的隐患立即组织整改,隐患整改情况应当依法如实记录,并向从业人员通报

续上表

检查方法	检查标准	处罚依据及标准	检查记录
通过资料审查的方式,检查企业是否对排查出的隐患进行分级整改,并按照"五定"原则确保整改措施到位,组织人员验收	企业对排查出的隐患进行及时整改,并按照级别组织人员验收,有验收记录	【法律】《中华人民共和国安全生产法》 第一百零二条 生产经营单位未采取措施消除事故隐患的,责令立即消除或者限期消除,处五万元以下的罚款;生产经营单位拒不执行的,责令停产停业整顿,对其直接负责的主管人员和其他直接责任人员处五万元以上十万元以下的罚款;构成犯罪的,依照刑法有关规定追究刑事责任	

序号	检查事项	检查内容	检查依据
6	重大隐患报备	重大隐患排查、管控、整改、验收和报备情况	1.【法律】《中华人民共和国安全生产法》 第四十六条 生产经营单位的安全生产管理人员在检查中发现重大事故隐患,依照前款规定向本单位有关负责人报告,有关负责人不及时处理的,安全生产管理人员可以向主管的负有安全生产监督管理职责的部门报告,接到报告的部门应当依法及时处理。 2.【规范性文件】《公路水路行业安全生产隐患治理暂行办法》 第二十二条 重大隐患整改应制定专项方案,包括以下内容: (一)整改的目标和任务; (二)整改技术方案和整改期的安全保障措施; (三)经费和物资保障措施; (四)整改责任部门和人员; (五)整改时限及节点要求; (六)应急处置措施; (七)跟踪督办及验收部门和人员。 第二十三条 重大隐患整改完成后,生产经营单位应委托第三方服务机构或成立隐患整改验收组进行专项验收。生产经营单位成立的隐患整改验收组成员应包括生产经营单位负责人、安全管理部门负责人、相关业务部门负责人和2名以上相关专业领域具有一定从业经历

续上表

检查方法	检查标准	处罚依据及标准	检查记录
1. 通过资料审查和现场检查的方式,查看企业是否存在重大隐患。 2. 通过资料审查的方式,检查企业是否对存在的重大隐患建立专项整改方案,并按照"五定"原则确保整改措施到位。 3. 通过资料审查和系统核查等方式,检查企业是否按照"及时报备、动态更新、真实准确"的原则,及时向属地负有安全生产监督管理职责的管理部门及时报备重大隐患信息。	1. 企业按照相关要求定期对企业进行隐患排查,识别重大隐患。 2. 若存在重大隐患,企业按要求建立重大隐患专项整改方案,落实整改和管控措施,确保整改到位。重大事故隐患排除前或者排除过程中无法保证安全的,应当从危险区域内撤出作业人员,暂时停产停业或者停止使用相关设施、设备。 3. 企业按照要求进行重大隐患整改验收。	【法律】《中华人民共和国安全生产法》 第一百零二条 生产经营单位未采取措施消除事故隐患的,责令立即消除或者限期消除,处五万元以下的罚款;生产经营单位拒不执行的,责令停产停业整顿,对其直接负责的主管人员和其他直接责任人员处五万元以上十万元以下的罚款;构成犯罪的,依照刑法有关规定追究刑事责任	

序号	检查事项	检查内容	检查依据
			的专业技术人员。整改验收应根据隐患暴露出的问题,全面评估,出具整改验收结论,并由组长签字确认。 第二十四条 重大隐患整改验收通过的,生产经营单位应将验收结论向属地负有安全生产监督管理职责的交通运输管理部门报备,并申请销号。报备申请材料包括: (一)重大隐患基本情况及整改方案; (二)重大隐患整改过程; (三)验收机构或验收组基本情况; (四)验收报告及结论; (五)下一步改进措施。 第二十五条 重大隐患整改验收完成后,生产经营单位应对隐患形成原因及整改工作进行分析评估,及时完善相关制度和措施,依据有关规定和制度对相关责任人进行处理,并开展有针对性的培训教育。 第三十四条 生产经营单位应按照"及时报备、动态更新、真实准确"的原则,通过公路水路行业安全生产隐患治理信息系统向属地负有安全生产监督管理职责的管理部门及时报备重大隐患信息,负有直接监督管理责任的交通运输管理部门应审查报备信息的完整性

续上表

检查方法	检查标准	处罚依据及标准	检查记录
4.通过资料审查的方式,检查企业存在的重大隐患整改完成后是否委托第三方服务机构或成立隐患整改验收组进行专项验收,出具整改验收结论,并向负有直接监督管理责任的交通运输管理部门报备并申请销号。 5.重大隐患整改验收完成后,生产经营单位应对隐患形成原因及整改工作进行分析评估,及时完善相关制度和措施,依据有关规定和制度对相关责任人进行处理,并开展有针对性的培训教育	4.企业按照要求进行重大隐患信息报备和销号。 5.企业对相关责任人进行处理,并开展针对性培训教育		

九、事故报告与处理

序号	检查事项	检查内容	检查依据
1	事故报告	1. 及时、准确、完整地报告事故。 2. 出现新情况及时补报	1.【法律】《中华人民共和国安全生产法》 第八十三条 生产经营单位发生生产安全事故后,事故现场有关人员应当立即报告本单位负责人。 单位负责人接到事故报告后,应当迅速采取有效措施,组织抢救,防止事故扩大,减少人员伤亡和财产损失,并按照国家有关规定立即如实报告当地负有安全生产监督管理职责的部门,不得隐瞒不报、谎报或者迟报,不得故意破坏事故现场、毁灭有关证据。 2.【行政法规】《生产安全事故报告和调查处理条例》 第九条 事故发生后,事故现场有关人员应当立即向本单位负责人报告;单位负责人接到报告后,应当于1小时内向事故发生地县级以上人民政府安全生产监督管理部门和负有安全生产监督管理职责的有关部门报告。 情况紧急时,事故现场有关人员可以直接向事故发生地县级以上人民政府安全生产监督管理部门和负有安全生产监督管理职责的有关部门报告。

检查方法	检查标准	处罚依据及标准	检查记录
1. 通过资料审查、跨部门信息共享等方式,检查企业是否按规定上报事故,是否存在未按规定报告事故,以及迟报、漏报等问题。 2. 通过资料审查和现场抽查的方式,检查企业是否规范记录事故情况,有相应事故报告、统计与处理台账。	1. 企业据实报告本单位发生的事故,不存在未按规定报告事故,以及迟报、漏报等问题。 2. 企业建立事故报告、统计与处理台账。 3. 企业不存在谎报或者瞒报事故的情形,当出现新情况时及时补报	1.【行政法规】《生产安全事故报告和调查处理条例》 　第三十五条　事故发生单位主要负责人有下列行为之一的,处上一年年收入40%至80%的罚款;属于国家工作人员的,并依法给予处分;构成犯罪的,依法追究刑事责任: 　(二)迟报或者漏报事故的。 　第三十六条　事故发生单位及其有关人员有下列行为之一的,对事故发生单位处100万元以上500万元以下的罚款;对主要负责人、直接负责的主管人员和其他直接责任人员处上一年年收入60%至100%的罚款;属于国家工作人员的,	

序号	检查事项	检查内容	检查依据
			第十三条 事故报告后出现新情况的,应当及时补报。自事故发生之日起30日内,事故造成的伤亡人数发生变化的,应当及时补报。道路交通事故、火灾事故自发生之日起7日内,事故造成的伤亡人数发生变化的,应当及时补报

续上表

检查方法	检查标准	处罚依据及标准	检查记录
3.通过资料审查、跨部门信息共享等方式,检查企业事故补报（需要时）情况,检查是否存在事故发生之日起30日内,事故造成的伤亡人数存在变化的,以及道路交通事故、火灾事故自发生之日起7日内,事故造成的伤亡人数存在变化的,需要及时补报但不报、迟报等情形		并依法给予处分;构成违反治安管理行为的,由公安机关依法给予治安管理处罚;构成犯罪的,依法追究刑事责任: （一）谎报或者瞒报事故的; （二）伪造或者故意破坏事故现场的; （三）转移、隐匿资金、财产,或者销毁有关证据、资料的; （四）拒绝接受调查或者拒绝提供有关情况和资料的; （五）在事故调查中作伪证或者指使他人作伪证的; （六）事故发生后逃匿的	

序号	检查事项	检查内容	检查依据
2	事故调查与处理	1. 由企业自行调查的,组织调查并撰写调查报告情况。 2. 依法需要由主管部门组织调查的,配合调查工作情况	1.【法律】《中华人民共和国安全生产法》 第八十六条 事故调查处理应当按照科学严谨、依法依规、实事求是、注重实效的原则,及时、准确地查清事故原因,查明事故性质和责任,评估应急处置工作,总结事故教训,提出整改措施,并对事故责任单位和人员提出处理意见。事故调查报告应当依法及时向社会公布。事故调查和处理的具体办法由国务院制定。 事故发生单位应当及时全面落实整改措施,负有安全生产监督管理职责的部门应当加强监督检查。 负责事故调查处理的国务院有关部门和地方人民政府应当在批复事故调查报告后一年内,组织有关部门对事故整改和防范措施落实情况进行评估,并及时向社会公开评估结果;对不履行职责导致事故整改和防范措施没有落实的有关单位和人员,应当按照有关规定追究责任。 2.【行政法规】《生产安全事故报告和调查处理条例》 第十九条 特别重大事故由国务院或者国务院授权有关部门组织事故调查组进行调查。

续上表

检查方法	检查标准	处罚依据及标准	检查记录
1.通过资料审查、跨部门信息共享和现场检查等方式,查看企业是否按照要求组织事故调查,并撰写事故调查报告。 2.通过资料审查和现场抽查的方式,检查企业事故报告、统计与处理台账,核查企业是否按规定对相关人员进行处理,对从业人员开展警示教育。 3.通过资料审查的方式,检查企业是否制定防范和落实事故整改和防范措施。	1.企业按照要求进行事故调查或者配合事故调查组进行调查。 2.企业自行调查的事故按照要求撰写事故调查报告,并归档保存。 3.对事故相关人员进行处理,并对事故相关人员进行培训教育,对从业人员开展警示教育,有相关台账或记录。 4.企业根据事故情况制定防范措施,并落实整改措施。	【行政法规】《生产安全事故报告和调查处理条例》 第三十六条 事故发生单位及其有关人员有下列行为之一的,对事故发生单位处100万元以上500万元以下的罚款;对主要负责人、直接负责的主管人员和其他直接责任人员处上一年年收入60%至100%的罚款;属于国家工作人员的,并依法给予处分;构成违反治安管理行为的,由公安机关依法给予治安管理处罚;构成犯罪的,依法追究刑事责任: (一)谎报或者瞒报事故的; (二)伪造或者故意破坏事故现场的;	

序号	检查事项	检查内容	检查依据
			重大事故、较大事故、一般事故分别由事故发生地省级人民政府、设区的市级人民政府、县级人民政府负责调查。省级人民政府、设区的市级人民政府、县级人民政府可以直接组织事故调查组进行调查,也可以授权或者委托有关部门组织事故调查组进行调查。 未造成人员伤亡的一般事故,县级人民政府也可以委托事故发生单位组织事故调查组进行调查。 第三十条 事故调查报告应当包括下列内容: (一)事故发生单位概况; (二)事故发生经过和事故救援情况; (三)事故造成的人员伤亡和直接经济损失; (四)事故发生的原因和事故性质; (五)事故责任的认定以及对事故责任者的处理建议; (六)事故防范和整改措施。事故调查报告应当附具有关证据材料。事故调查组成员应当在事故调查报告上签名。 第三十三条 事故发生单位应当认真吸取事故教训,落实防范和整改措施,防止事故再次发生

续上表

检查方法	检查标准	处罚依据及标准	检查记录
4.通过现场抽查的方式,检查事故相关人员是否掌握事故教训及防范和整改措施		(三)转移、隐匿资金、财产,或者销毁有关证据、资料的; (四)拒绝接受调查或者拒绝提供有关情况和资料的; (五)在事故调查中作伪证或者指使他人作伪证的; (六)事故发生后逃匿的	

十、重点监督检查内容

序号	检查事项	检查内容	检查要求	对应条款
1	人员	主要负责人和专职安全生产管理人员安全考核情况	1. 企业主要负责人、专职安全生产管理人员、分管安全的负责人取得交通运输主管部门颁发的安全工程师（道路运输安全）格证明，且在有效期内，或者取得注册安全工程师（道路运输安全）。 2. 主要负责人和专职安全生产管理人员对其安全生产职责和基础安全生产知识熟悉	一、企业资质及基础管理检查事项(7)
		安全生产教育和培训实施情况	1. 新聘用的从业人员需要进行岗前培训，且考核合格后方可上岗作业，有相应考核记录材料，且满足学时要求。 2. 企业定期对从业人员进行安全生产培训和教育，且每季度至少培训一次，满足学时的要求，有相应培训证明材料。 3. 企业对实习人员、被派遣劳动者、离岗6个月以上或换岗人员等进行安全生产培训和教育，有相应培训证明材料。 4. 对道路交通违法和事故驾驶人员进行针对性的教育和处理，有相应培训记录和处理记录	二、安全生产教育和培训检查事项(2)

续上表

序号	检查事项	检查内容	检查要求	对应条款
2	管理组织	安全生产管理协议	1. 道路货物运输站场经营者与入驻运输企业签订安全生产管理协议。 2. 道路货物运输站场经营者对入驻运输企业安全生产工作统一协调、管理，定期进行安全检查，发现安全问题的，应当及时督促整改	一、企业资质及基础管理检查事项(4)
		安全生产操作规程制定情况	企业建立健全安全生产操作规程，规范管理搬运装卸作业	一、企业资质及基础管理检查事项(5)
3	场地及设备设施	货运站房、生产调度办公室、信息管理中心、仓库、场地和道路等设施情况	1. 具有与其经营规模相适应的货运站房、生产调度办公室、信息管理中心、仓库、场地和道路等设施。 2. 上述设施经有关部门组织的工程竣工验收合格。 3. 建立车辆安全检查制度，经营者对出站的车辆进行安全检查，禁止无证经营者进站从事经营活动。 4. 具有与其经营规模相适应的安全、消防、装卸、通信、计量等设备。 5. 作业设备技术安全性和维保符合国家要求。 6. 消防设施和器材及时维护保养	一、企业资质及基础管理检查事项(9) 四、车辆、设施、设备、货物检查事项(2,4) 五、场地安全管理检查事项(1)

续上表

序号	检查事项	检查内容	检查要求	对应条款
4	货物	货物的堆放和存储情况	建立货物堆放和存储制度,按照货物的性质、保管要求进行分类存放,危险货物单独存放,无安全隐患	五、场地安全管理检查事项(3)
5	安全生产费用	安全生产费用提取与使用	1. 企业制定安全生产费用提取和使用独立台账。 2. 有财务凭证证明其提取比例不低于上年度实际营业收入的1%。 3. 企业按照规定范围使用安全生产费用,并有相应的财务凭证或者合同等佐证	三、安全生产费用检查事项(1)
6	风险分级管控与隐患排查治理	企业风险辨识情况	1. 企业编制风险辨识手册,明确风险辨识范围、方式和程序。 2. 企业定期开展全面辨识和专项辨识,并形成风险辨识清单,全面辨识应每年不少于1次	八、风险分级管控与隐患排查治理(1)

· 134 ·

续上表

序号	检查事项	检查内容	检查要求	对应条款
6	风险分级管控与隐患排查治理	隐患排查及治理	1. 企业制定了隐患排查制度,内容齐全。 2. 定期开展隐患排查,日常排查每周应不少于1次,定期排查每半年应不少于1次。 3. 企业对查出的隐患进行及时整改,并按照级别组织人员验收,有验收记录	八、风险分级管控与隐患排查治理(4、5)
7	应急管理	应急预案演练情况	1. 企业制定了应急演练计划。 2. 企业按照要求定期开展应急演练,有应急预案演练记录,演练评估报告,且每年至少组织一次综合应急预案演练或专项应急预案演练,每半年至少组织一次现场处置方案演练	七、应急管理(4)

· 135 ·

附录 道路运输安全生产行政检查工作汇总表(式样)

被检查单位	
检查方式	
具体检查情况(可以附相关影像、图片、文件等材料)	(可以加附页)
检查意见:	(可以加附页)
检查人员(签名):_____	被检查单位(盖章):_____ 被检查单位负责人(签名):_____
检查日期:_____年_____月_____日	

注:本表一式3份,监管部门存留2份,被检查单位存留1份。